KB260485

내 이력서를 보는 사람은 누구일까?

내 이력서를 보는 사람은 누구일까?

내 이력서를 보는 사람은 누구일까?

당신이 모르는 채용 시장의 불편한 진실

초 판 1쇄 2025년 08월 13일

지은이 김진영
펴낸이 류종렬

펴낸곳 미다스북스
본부장 임종익
편집장 이다경, 김가영
디자인 임인영, 윤가희
책임진행 이예나, 김요섭, 안채원, 김은진

등록 2001년 3월 21일 제2001-000040호
주소 서울시 마포구 양화로 133 서교타워 711호
전화 02) 322-7802~3
팩스 02) 6007-1845
블로그 http://blog.naver.com/midasbooks
전자주소 midasbooks@hanmail.net
페이스북 https://www.facebook.com/midasbooks425
인스타그램 https://www.instagram.com/midasbooks

© 김진영, 미다스북스 2025, *Printed in Korea*.

ISBN 979-11-7355-359-2 03190

값 17,500원

미다스북스는 다음세대에게 필요한 지혜와 교양을 생각합니다.

당신이 모르는 채용 시장의 불편한 진실

내 이력서를 보는 사람은 누구일까?

김진영 지음

미다스북스

7장

커리어 가이드

본인 업무 커리어를 설정하라

헤드헌터 사용설명서

Q&A

에필로그

왜 이직은 점점 더
어려워지는 걸까?

한때는 '좋은 회사 들어가면 끝'이라 믿었던 시대가 있었다. 하지만 이제는 다르다. 한 번의 입사가 끝이 아닌, 여러 번의 커리어 전환을 하는 시대가 되었다. 직장생활이 길어질수록, 우리는 언젠가 이직이라는 낯선 선택지를 마주하게 된다. 준비된 이직도 있지만, 많은 이들이 예상치 못한 타이밍에 이직을 하게 된다.

막상 이직을 하려 하면, 현실은 생각보다 버겁다. 이력서를 써야 하고, 구직 사이트를 뒤져야 하고, 회사 정보를 모아야 한다. 그런데 아무리 시간을 들여도 자신에게 꼭 맞는 공고를 찾는 일은 쉽지 않다. 게다가 연봉, 직무, 위치, 산업군, 조직문화까지 모두 고려하다 보면, 처음의 기대는 점점 현실과 타협하게 된다. 그렇게 적당한 회사에 지원하고, 때론 괜찮아 보이는 조건에 스스로를 끼워 맞추기도 한다. 이직은 생각보다 훨씬 복잡하고, 정보는 의외로 폐쇄적이다.

그런 과정 속에서 헤드헌터라는 존재와 처음 마주하게 되는 경우가 많다. 나 역시 그랬다. 직장을 다니며 처음 이직을 준비하던 시절, 나도 잡코리아와 사람인 등의 잡사이트에 이력서를 올렸다. 직접 회사를 찾고, 입사 지원을 하던 와중, 낯선 번호로 전화가 걸려왔다.

내 이력서를 보는 사람은 누구일까?

"안녕하세요, 저는 헤드헌터입니다."

처음엔 조심스러웠고, 제안도 다소 뜬금없게 느껴졌다. 하지만 몇 번의 경험을 겪으며 점차 그 의미를 이해하게 되었다. 내가 스스로 찾지 못하는 정보, 내가 몰랐던 회사, 그리고 나조차 인식하지 못한 가능성을 누군가는 대신 발견하고 있었다는 것을 알게 되었다.

그 이후, 나는 오히려 헤드헌터가 되어 이 시장 안으로 들어오게 되었다. 생각보다 더 치열하고, 더 주관적인 이 시장 안에서 수많은 사람들과 기업이 교차하고 있었다. 회사는 좋은 인재를 찾고 싶어 했고, 구직자는 자신에게 맞는 회사를 만나고 싶어 했다. 하지만 그 사이에는 늘 정보의 간극, 커뮤니케이션의 오해, 산업과 조직문화에 대한 시선 차가 존재했다. 누군가는 연봉 때문에, 또 누군가는 업무 범위 때문에 다시 떠났고, 어떤 이는 한 번의 선택으로 인생이 뒤바뀌기도 했다.

그래서 나는 기록을 시작했다. 매일 헤드헌터로서 마주하는 다양한 사례들, 반복되는 채용의 문제들, 서류 통과가 어려운 이유, 연봉 협상의 맥락, 기업과 후보자의 오해와 기대 등 그 모든 것을 정리하고 싶었다. 그냥 정보만 나열하는 글이 아니라, 이 시장을 직접 경험한 사람으로서 이야기를 풀고 싶었다.

이 책은 헤드헌터라는 직업을 통해 들여다본 채용과 이직의 세계를 담고 있다. 단순히 회사를 소개하고 사람을 매칭하는 이야기가 아니다. 진짜로 채용은 어떻게 이뤄지는지, 어떤 회사가 어떤 사람을 원하는지, 그리고 구직자들이 미처 보지 못하는 맹점은 무엇인지, 그런 이야기들을 모아 한 권의 책으로 엮었다.

이직이란 단어가 낯설고 어렵게만 느껴지는 사람, 막연히 회사를 그만두고 싶지만 다음 단계를 모르겠는 사람, 혹은 자신이 잘못된 방향으로 가고 있는 건 아닐까 고민하는 사람들에게 이 책이 하나의 나침반이 되었으면 한다. 모든 사람에게 정답을 줄 순 없고, 내 생각이 언제나 옳다고 말할 수도 없지만, 적어도 채용 시장 한가운데에서 일하며 직접 경험한 것들을 바탕으로, 이직을 준비하는 사람들이 조금 더 명확한 시야를 갖도록 도와주고 싶어서 글을 쓰게 되었다.

이 책은 정답을 알려주는 내비게이션이 아니다. 다만, 지금의 위치를 함께 점검하고, 앞으로 나아갈 방향을 함께 고민하는 동반자가 되고 싶었다. 이직이라는 낯선 여정 앞에 선 당신에게, 이 글이 작지만 현실적인 도움이 되길 바란다.

2025년 무더운 여름 어느 날,

김진영

1장

채용 시장 이해

채용 과정은 왜 모두가 불편한가?

채용 과정은 왜 누구에게나 어렵고 낯설까?

단순히 회사를 옮기는 일이 아니라,

수많은 이해관계와 감정이 얽힌 복잡한 전환의 순간이기 때문이다.

현명한 이직 전략을 세우기 위한 기초를 다룬다.

채용 과정은 왜 누구에게나 어렵고 낯설까?

단순히 회사를 옮기는 일이 아니라,

수많은 이해관계와 감정이 얽힌 복잡한 전환의 순간이기 때문이다.

이 장에서는 채용 시장의 구조와 흐름을 이해하고,

현명한 이직 전략을 세우기 위한 기초를 다룬다.

1

채용 과정은 왜 모두가 불편한가?

불완전한 정보와 기대의 충돌

기업이 인재를 찾는 과정은 관련된 모두에게 중요한 일이다. 하지만 채용 현장에서는 인사 담당자, 헤드헌터, 지원자, 그리고 최종 결정권자 모두가 불편함을 겪는다. 이는 단순한 오해나 소통 부재를 넘어 정보의 비대칭성과 현실에 대한 기대 차이에서 비롯된다.

애매한 시작, 인사 담당자의 혼란

채용의 출발점은 인사 담당자의 의뢰에서 시작된다. 이상적으로는 채용 부서가 명확한 인재 요건과 업무 범위를 정의해 인사팀에 전달해야 하지만, 현실은 그렇지 않다. "마케팅 과장 한 명 채용해줘."라는 말처럼 구체성 없는 경우가 많다. 이에 따라 인사팀은 현업 부서로부터 채용 의뢰서 등을 받아내려 노력하지만, 처음부터 부실한 정보는 결국 채용 전 과정에 영향을 미친다.

실제로 잡플래닛, 사람인 등 다수 취업 플랫폼이 밝히는 설문조사에 따르면, 인사 담당자의 60% 이상이 "채용 의뢰 시 직무 요건이 불명확해 추가 소통이 필요하다."고 응답했다. 이는 채용이 단순히 사람을 뽑는 과정이 아니라, 전략적 인재 선발의 과정임을 간과하고 있다는 방증이다.

헤드헌터의 이중고, 중간에서 겪는 정보의 불균형

헤드헌터는 채용 요청을 받으면 우선 시장에서 어떤 인재가 가능한지 파악해야 한다. 하지만 전달받은 정보가 모호하다면 업무는 두 배로 늘어난다. 지원자들은 단순히 연봉과 직무 정보만으로 판단하지 않는다. 기업 문화, 조직 구조, 리더십 스타일, 채용 배경 등 세세한 정보를 원한다.

하지만 헤드헌터가 이를 알 방법은 거의 없다. 기업은 채용 외 정보에 대해선 공유를 꺼려하며, 이는 결국 지원자의 신뢰 하락으로 이어진다. 지원자에게 "그건 기업 내부 정보라 알 수 없다."는 대답은 곧 신뢰 상실로 직결된다.

지원자, 불확실한 정보 속 결정의 어려움

지원자는 지원 여부를 결정할 때 여러 요소를 고려한다. 단순히 '마케팅 과장'이라는 직무명만으로는 판단이 어렵다. 그 안에서 실제로 어떤 일을 하게 되는지, 권한은 어느 정도인지, 해당 조직의 분위기는 어떠한지 등은 매우 중요한 정보다.

특히 팀장이나 부서장의 경력, 성향까지도 지원 여부에 영향을 줄 수 있다. "예전 직장 상사가 그 조직의 팀장이라서 지원을 포기했다."는 사례는 실제로도 적지 않다. 하지만 개인정보 보호 이슈로 인해 대부분의 경우 해당 정보는 제공되지 않는다. 지원자는 정보를 충분히 받지 못한 상태에서 불확실한 결정을 내리게 되고, 이는 결국 채용 실패로 이어지기 쉽다.

결정권자의 이상주의, 현실과의 괴리

면접과정에서 많은 기업은 "조금 더 좋은 사람을 보고 싶다."는 이유로 후보자를 탈락시키곤 한다. 학력, 경력, 회사 규모 등 다양한 이유로 채용을 보류하고, 재추천을 요청하는 경우도 흔하다. 그러나 '완벽한 인재'는 존재하지 않는다. 조건이 완벽하게 부합하는 인재는 더 좋은 조건의 경쟁사로 이미 이직해버리는 경우가 대부분이다.

'현실적으로 채용은 근사값의 선택'이며, 완벽한 인재를 찾기보다 '성장 가능성과 조직 적합도'를 기준으로 판단하는 것이 중요하다. 이는 단기 성과가 아닌 장기적인 팀 운영 측면에서도 더 현명한 전략이다.

해결의 실마리, 투명한 정보와 협업의 감각

채용 과정의 불편함은 결국 정보의 불균형, 기대치의 불일치에서 비롯된다. 이를 줄이기 위해선 각각의 주체가 조금 더 구체적이고 성실하게 소통하려는 노력이 필요하다.

1) 인사 담당자는 채용 요청 시 직무의 성격과 요구 역량을 명확하게 문서화해야 한다. 지원자의 궁금증을 미리 예측해 정보를 정리한다면, 업무 중복을 줄일 수 있다.

2) 헤드헌터는 단순한 전달자가 아니라, 기업과 지원자 사이에서 핵심 정보를 추출하고 필터링하는 역할을 해야 한다. 어떤 인재가 적합한지를 판단하는 기준점을 세우는 일도 중요하다.

3) 지원자는 제공된 정보를 기반으로 사전 조사를 통해 1차적 판단을 하고, 이후 면접 등에서 직접적인 대화를 통해 진위를 가려야 한다. 수동적인 태도만으로는 올바른 선택을 하기는 어렵다.

4) 결정권자는 '더 좋은 인재'에 대한 막연한 기대보다는 현재 인재의 장점과 조직 적합도를 중심으로 판단해야 한다. 채용 공고를 반복해서 올리는 사이, 진짜 필요한 인재는 경쟁사에 갈 수 있다.

채용은 단순한 사람이 아니라, 조직의 미래를 결정하는 과정이다. 불편함이 발생하는 것은 각 주체의 관점 차이와 정보 비대칭성 때문이다. 하지만 이는 의지와 시스템으로 개선이 가능하다. 사전 정보 교환 시스템 구축, 채용 요청서 표준화 등 정보의 투명성을 높이고, 채용의 질을 향상시킬 수 있다.

서로의 입장을 조금 더 이해하고, 필요한 정보를 조금 더 공유한다면 채용 과정은 지금보다 훨씬 덜 불편할 수 있다. 완벽한 인재를 찾는 것보다 중요한 것은 '같이 성장할 수 있는 인재'를 찾는 일이라는 점을 기억해야 한다.

내 이력서를 보는 사람은 누구일까?

2

이직 시장은 생각보다
훨씬 복잡하다

단순한 연결일까? 복잡한 거래일까?

이직 시장은 겉으로 보기엔 단순한 구조처럼 보인다. 사람을 구하는 회사, 회사를 찾는 구직자, 이 둘이 만나면 끝날 것 같지만 실제 현장에는 많은 차이가 있다. 회사는 채용 공고를 내고도 적합한 인재를 찾지 못하고, 구직자는 수십 곳에 지원해도 쉽게 합격하지 못한다. 양측 모두 '왜 이렇게 어려운지' 의문을 품는다. 채용 시장은 단순하지 않고, 복잡하게 얽혀 있다.

회사가 채용에 실패하는 이유

기업은 흔히 이렇게 말한다.

"우리 회사 정도면 이 정도 스펙의 인재는 와야 하지 않겠어?"

하지만 실제로는 그렇지 않다. 인지도, 조직문화, 연봉, 복지, 업무 강도 등 모든 요소에서 지원자의 기대치와 차이가 발생한다. 특히 중소기업의 경우, 제품이나 서비스가 아무리 훌륭하더라도 구직자의 눈길을 끌기 어렵다. 최근 조사에 따르면, 2024년 기준 국내 중소기업의 구인난 체감도는 78.5%로, 대기업(32.4%)에 비해 압도적으로 높았다. 그만큼 중소기업은 좋은 인재를 찾기 어렵다는 의미다.

지원자도 시장을 오해하고 있다

지원자는 자신의 경력과 역량이 충분히 경쟁력 있다고 느낀다. 하지만 이직 시장은 상대평가다. 자신의 수준을 정확히 파악하지 못하면, 계속 탈락을 반복하게 된다. 더 큰 문제는 탈락을 경험해도 이를 현실로 받아들이지 못하는 경우가 많다는 점이다. 이직을 준비하면서 수없이 마주치는 건 '스펙 과신'이다. 예를 들어, 연봉 6천만 원을 받고 있던 사람이 이직을 통해 7천만 원 이상을 기대한다. 그러나 기업은 "그 정도 연봉이면 차라리 연차 높은 경력자를 채용하겠다."고 판단한다. 결국 현실과 기대 사이의 간극이 생기고, 이로 인해 이직의 난이도는 점점 더 높아진다.

헤드헌터는 그 간극을 좁히는 중간자

이처럼 기업과 지원자 사이의 기대 불일치는 헤드헌터의 역할을 더 중요하게 만든다. 회사는 현실적인 조건에서 지원자를 찾지 못하고, 지원자는 스스로를 과대평가한 채 무리한 연봉을 요구하거나 적합하지 않은 포지션에 지원한다.

헤드헌터는 그 중간에서 현실 조율자 역할을 한다. 회사에게는 현재 조건에서 구할 수 있는 인재의 수준을 설명하고, 지원자에게는 본인의 시장 가치와 가능한 연봉 수준을 설명하며 설득한다. 이 과정에서 실제 협상력과 데이터 기반의 판단이 필요하며, 감정이 개입되면 어느 쪽도 만족할 수 없는 결과로 끝나게 된다.

채용은 수학이 아니라 심리와 전략이다

채용 시장은 수학처럼 정답이 있는 구조가 아니다. 기업은 똑같은 스펙의 후보자 중 한 명만 선택해야 하고, 이 결정은 다양한 감정과 직관, 조직 내 역할이 얽혀 이뤄진다.

예를 들어, A후보는 실력은 뛰어나지만 성격이 강하고, B후보는 능력은 약간 부족하지만 조직 적응력이 좋아 보인다. 이럴 때 회사는 B를 선택할 수도 있으며, 그 판단에는 경력 이외의 요소, 즉 비가시적인 판단 기준이 크게 작용한다. 이처럼 주관적인 요소가 크게 개입되기 때문에, "왜 내가 떨어졌는지?"에 대해 명확한 답을 찾기 어려운 것도 현실이다.

더 어려워지는 채용 시장의 현실

최근 노동 시장은 빠르게 변하고 있다. 근속보다는 이직이 보편화되고, 구직자들은 회사에 오래 다닐 이유를 찾기 어려워한다. 2023년 기준 국내 직장인의 평균 근속 연수는 약 5.8년에 불과하며, 2030세대는 평균 약 2.7년에 한 번씩 이직을 고려한다고 한다.

또한 "회사는 충성에 보답하지 않는다."는 인식이 강해지면서, 단기 성과와 처우 개선만을 바라보는 경향이 강해졌다. 이러한 분위기 속에서, 채용은 더욱 단기적이고 비효율적인 방향으로 흐르고 있다. 지원자들은 이직을 통해 즉각적인 연봉 상승을 기대하고, 회사는 그 기대를 맞추지 못해 우수 인재를 놓친다.

이 시기에 필요한 건 '현실 인식'이다

지금 이 시기, 가장 필요한 것은 양쪽 모두의 현실적인 인식이다. 회사는 '싸고 좋은 인재'가 없다는 사실을 인정하고, 적절한 투자 없이는 우수 인재를 채용할 수 없다는 걸 받아들여야 한다. 지원자는 이직이 곧 연봉 상승으로 이어지는 시대가 아니며, 경쟁력 없는 경력은 더 이상 선택받지 못한다는 현실을 직시해야 한다. 회사는 인재 확보를 위한 브랜드 전략과 복지 투자에 더 과감해져야 하고, 지원자는 자신의 경력 설계를 스스로 책임지며 장기적인 자기 성장에 초점을 맞춰야 한다. 그렇게 하지 않는다면, 앞으로 이직 시장은 더 복잡하고 더 냉혹해질 것이다.

퇴사자 생기면
무조건 문제 있는 회사일까?

"이 포지션 왜 채용하나요?"라는 질문의 이면, 채용 사유에 대한 오해와 진실

채용 포지션 제안을 하면 종종 이런 질문을 받는다.

"이 포지션, 왜 채용하나요?"그 질문의 의도를 모르는 건 아니지만, 회사에서 사람을 채용한다는 건 결국 사람이 필요하다는 의미이다. 본질은 단순하다. 그러나 그 질문 안에는 '신규 충원이냐, 퇴직자 대체냐'라는 맥락이 숨어 있다. 채용 사유를 궁금해하는 건, 그만큼 구직자들이 회사를 선택함에 있어 리스크를 줄이려는 시도이기도 하다. 하지만 과연 '퇴직자 대체 채용'이라는 이유만으로 그 회사를 기피해야 할 이유가 될까?

채용은 대부분 퇴사자 대체다

채용은 대부분 두 가지 경우에서 발생한다.
첫째, 사업 확장 또는 신규 프로젝트에 따라 인력이 추가로 필요한 경우
둘째, 기존 인력의 퇴사로 인한 결원 보충
현실적으로 두 번째 이유, 즉 퇴직자 발생에 따른 채용이 훨씬 많다.

사업 확장은 여러 포지션에서 드러난다

사업 확장으로 인한 채용이라면 금방 알 수 있다. 관련 기사, 기업공시, 홈페이지, 뉴스 등을 조금만 살펴보면 신규 사업 개시, 매출 성장, 신규 지

점 오픈 등의 정보가 쉽게 나온다. 또한, 다수 채용 포지션으로 동시에 나오는 경우도 많다. 예를 들어 해외 영업 확장이라면 영업직 외에도 마케팅, 물류, 회계, 인사 등 여러 부서에서 연쇄적으로 채용이 발생한다. 반대로 퇴사자 대체 채용은 단일 포지션, 소규모 채용으로 그치는 경우가 많다.

퇴사 사유는 다양하다

문제는 '왜 전임자가 퇴사했냐'는 질문에 대해 회사가 명확하게 설명해주지 않는 경우가 많다는 점이다. HR 실무자 입장에서도 일일이 개인의 퇴사 사유를 공유하기는 어렵다. 이 지점에서 구직자의 오해가 시작된다. 퇴사자가 생긴 이유를 '회사에 문제가 있어서'로 단정 짓는다. 그러나 퇴사 사유는 단순히 회사의 문제만이 아니다. 개인적인 커리어 변경, 가족 사정, 이직 제안, 건강 문제, 근속기간 종료 등 복합적이고 다양한 요소가 존재한다.

평판은 참고일 뿐, 진실은 내부에 있다

한 가지 사례를 들자. 업계에서 평판이 좋지 않던 한 기업이 있었다. 하지만 실제 입사해 근무한 지원자는 "소문과 달리 복지도 좋고 야근도 없으며, 상사와의 관계도 원만하다."고 이야기했다. 그는 현재도 해당 기업에서 1년 이상 잘 근무하고 있으며, 인사팀으로부터 "좋은 인재 추천해줘서 고맙다."는 말을 여러 차례 들었다. 이처럼 회사에 잘 적응하는 사람은 좋은 평가와 함께 좋은 성과를 내고 오래 다닌다. 반대로 맞지 않는 사람은 아무리 좋은 회사라도 오래 버티지 못한다.

중요한 건 '나와 맞는 회사인가'이다

결국 중요한 건 '회사와 나의 궁합'이다. 아무리 객관적으로 괜찮은 회사라도 나와 맞지 않으면 의미가 없다. 또 반대로, 외부 평가가 좋지 않아도 내가 만족스럽게 일할 수 있는 환경이라면 그곳이 나에겐 '좋은 직장'이 될 수 있다. 이직은 결국 타인의 기준이 아니라, 자신의 기준으로 판단해야 하는 일이다.

면접은 회사도 평가받는 시간이다

그래서 채용 사유에 대한 집착을 줄이고, 실제 면접에 참석해 분위기와 업무 환경을 직접 파악해보는 것이 중요하다. 면접은 단순히 회사가 나를 평가하는 자리가 아니다. 내가 회사와 맞는지를 확인하는 시간이다. 소극적으로 임하지 말고, 당당하게 질문하고 정보를 얻어야 한다. 회사가 나에게 기대하는 점이 무엇인지, 내가 그 조직에 어떤 가치를 줄 수 있을지 고민하고 준비하는 것이 핵심이다.

직접 확인하고, 주체적으로 판단하라

채용 공고나 포지션만 보고 섣부르게 판단하지 말고, 발로 뛰고 눈으로 확인해야 한다. 요즘처럼 구직 정보가 넘쳐나는 시대에도, 직접 발품 팔아 얻는 정보가 진짜 중요한 정보다. 회사를 판단할 때 평판과 소문은 참고사항일 뿐, 결정적인 기준이 되어선 안 된다.

4

채용 프로세스를 알면
이직 전략이 보인다

　기업에서 인재를 채용하는 실제 과정을 알게 되면, 구직자 입장에서 어떤 방식으로 이직을 준비해야 할지 보다 명확해진다. 채용 시장은 복잡하고 다양한 변수에 의해 움직이지만, 그 속에서도 일정한 흐름이 있다. 특히 채용 프로세스를 정확히 이해하는 것이야말로 성공적인 이직과 취업 전략의 핵심이라 할 수 있다.

어떤 직무의 채용 수요가 높을까?

　기업마다 인재를 필요로 하는 직무는 다르다. 하지만 일반적으로 영업직, 생산직, 현장직 등은 항상 수요가 많은 포지션이다. 인재풀이 풍부하다는 점에서 이들 직무는 채용이 활발하게 이루어지는 경향이 있다. 반면, 전략기획, 연구개발 등 전문성이 높고 조직 내 핵심 부서로 분류되는 직무는 상대적으로 인재풀이 적다.

　예를 들어, IT 개발 회사에서는 기획 직무보다 개발자 채용 비중이 훨씬 높고, 유통업체에서는 전략 부서보다 영업, 물류 인력이 우선 채용되는 경우가 많다. 이처럼 업종과 산업군에 따라 채용 우선순위가 다르기 때문에, 이직을 고려하는 사람이라면 어떤 부서가 인재를 자주 채용하는지 파악하는 것이 중요하다. 채용 수요가 많은 부서를 목표로 초기 진입을 시도하는 것이 유리한 전략일 수 있다.

회사 내부에서 시작되는 채용의 흐름

기업에서 신규사업을 준비하거나 기존 사업을 확장할 때, 가장 먼저 고민하는 것이 인력이다. 인력이 부족하다고 판단되면 채용을 통해 인재를 수혈하는데, 그 과정은 생각보다 체계적이지 않다. 또한, 사내 인재 활용이 먼저 고려되는 것이 현실적이다.

보통 저연차 인력의 경우에는 사내 이동을 통한 충원이 시작된다. 평판이 좋고 성과가 우수한 인재는 부서 간 추천을 통해 이동하는 경우가 많다. 반면 고연차 인력은 외부 채용을 통해 수혈하는 방식이 일반적이다.

사내 이동으로 해결되지 않을 경우에는 내부 추천을 적극 활용하게 된다. "주변에 괜찮은 사람 없어?", "누구 추천할 만한 사람 없어?"라는 말은 실제로 수많은 채용 현장에서 오가는 이야기다. 이처럼 비공식적으로 추천 채용이 활발히 이뤄지는 구조를 이해해야 한다.

내부 추천과 지인 네트워크의 중요성

내부 추천은 회사 입장에서도 리스크를 줄일 수 있는 채용 방식이다. 추천한 사람이 일종의 보증 역할을 하며, 검증된 인재라는 이미지가 형성되기 때문이다. 따라서 추천을 통해 입사한 사람은 입사 후에도 적응이 빠르고, 조직 내 신뢰 형성에도 긍정적인 영향을 준다.

하지만 문제는 추천을 해줄 인맥이 없을 때다. 이런 경우에는 인적 네트워크를 확장하는 노력이 필요하다. SNS, 업계 세미나, 박람회, 전문 교육 프로그램 등을 활용하면 유사 업계 인사들과 자연스럽게 관계를 맺을 수 있다. 이런 네트워크를 통해 얻는 정보는 실제 구직 활동에 큰 도움이 되며, 의외의 기회가 생기기도 한다.

헤드헌터와의 연결도 좋은 전략

헤드헌터는 단순히 구인 공고를 전달하는 역할을 넘어, 업계 동향과 기업 내부 정보까지 제공하는 정보원이다. 특히 중견기업 이상이나 전문 인력을 채용할 경우, 많은 기업이 헤드헌터를 통해 인재를 수혈한다. 따라서 이직을 준비할 때는 본인의 경력과 전문성이 잘 드러나는 이력서를 준비해 헤드헌터와 적극적으로 소통하는 것이 중요하다.

또한 구직 사이트에 등록하는 것만으로는 부족하다. 많은 헤드헌터가 등록된 이력서 외에도 기존 인맥을 통해 '숨은 인재'를 발굴하려 하기 때문에, 이력서를 작성한 후에는 가능하면 직접 연락을 취하는 것도 좋은 방법이다.

구직자는 수동적이기보다 능동적으로 움직여야 한다

채용 공고가 올라오기를 기다리는 것만으로는 좋은 기회를 얻기 어렵다. 때로는 공고가 나오지 않은 상태에서 직접 이력서를 보내는 것도 전략이 된다. 일부 기업은 인재풀 등록 시스템을 운영하고 있기 때문에, 관심 있는 기업이 있다면 이력서를 미리 제출해두는 것이 좋다.

실제로 한 구직자는 제대 후 입사하고 싶은 기업을 매일같이 찾아가 출입문 앞에서 경비반장과 친분을 쌓았고, 그 과정을 통해 회사 정보를 얻고 입사한 사례도 있다. 이처럼 적극적인 자세는 때로 예상치 못한 기회를 만들어내기도 한다.

결론적으로 채용은 결국 사람 간의 연결이다

결국 채용은 사람과 사람 사이의 연결, 즉 인적 네트워크를 기반으로 이루어지는 과정이다. 기업은 실질적으로 내부 이동, 추천, 네트워크, 헤드헌팅을 통해 인재를 확보하고, 그 다음에 채용 공고를 활용한다. 구직자도 이 흐름을 이해하고 접근해야 좋은 결과를 얻을 수 있다. 따라서 단순히 채용 공고에만 의존하지 말고, 내가 원하는 회사를 향해 능동적으로 다가가는 자세, 인적 네트워크를 넓히려는 꾸준한 노력, 그리고 회사와 직무에 대한 철저한 정보 수집이야말로 성공적인 이직 전략의 핵심이라 할 수 있다.

5

채용 과정은 생각보다
많은 시간이 필요하다

이직, 얼마나 걸릴까? 채용 과정에 숨겨진 시간의 비밀

이직을 고민할 때 가장 궁금한 것 중 하나는 '얼마나 걸릴까?'라는 질문이다. 새로운 기회를 잡고 싶지만, 현재 진행 중인 프로젝트나 업무 때문에 망설이는 경우가 많다. 누군가는 "지금은 바빠서 움직이기 어렵다."며 2~3주 뒤를 기약하고, 또 누군가는 헤드헌터의 제안을 받으면 바로 면접을 보고 입사할 수 있을 거라 기대한다. 하지만 실제 채용 과정은 생각보다 길고 복잡하다. 이직을 처음 시도하거나 더 나은 기회를 찾고 있다면, 채용 과정의 시간적 흐름을 알면 많은 도움이 될 수 있다.

혹시 지금 이직하면 바로 다음 달 출근? 채용 진행 기간의 현실적인 이야기

포지션을 제안하면 해당 내용을 살펴보기도 전에, "현재 진행 중인 프로젝트 때문에 당장 이직은 어렵습니다."라는 답변을 듣는 경우가 생각보다 많다. 물론 6개월 이상, 혹은 1년이 넘는 장기 프로젝트라면 충분히 이해할 수 있는 상황이다. 하지만 놀랍게도 1~2개월, 심지어 2~3주 정도의 짧은 업무를 진행하고 있다는 이유로 이직을 망설이는 분들이 적지 않다. 이는 채용 프로세스에 대한 오해에서 비롯되는 경우가 많다.

채용 프로세스, 생각보다 긴 여정

많은 사람들이 헤드헌터의 제안을 받으면 곧바로 서류 전형, 면접, 그리고 합격 후 즉시 입사라는 간편한 그림을 떠올린다. 하지만 실제 채용 과정은 훨씬 복잡하고 시간이 오래 걸리는 여정이다. 이직 경험이 있는 사람이라면 익히 알고 있겠지만, 처음 이직을 준비하는 사람들에게는 다소 생소하게 느껴질 수 있다.

일반적인 채용 진행 순서는 다음과 같다. 먼저 헤드헌터의 컨택을 통해 포지션 제안을 받고 이력서를 제출한다. 제출된 이력서는 채용 기업의 인사팀과 현업 부서의 검토를 거쳐 면접 대상자가 선정된다. 이후 1차 면접, 필요에 따라 2차 면접까지 진행된다. 면접에 합격하면 처우 협의를 위한 자료를 제출하고, 연봉, 직급 등의 조건을 조율하는 과정을 거친다. 최종적으로 오퍼레터를 확인하고 서명하면 현재 재직 회사에 퇴직 의사를 밝히고 퇴직 절차를 진행한 후 새로운 회사에 입사하게 된다.

이러한 각 단계별 소요 시간을 합쳐보면 최소 2~3개월, 길게는 4~5개월 정도가 소요되는 것이 일반적이다. 물론 회사 내부 사정으로 인해 채용이 지연되는 특이한 경우에는 1년 가까이 걸리는 사례도 있었다. 그래서 이직을 하거나, 퇴직을 고려하고 있다면, 최소한 6개월 이상의 시간적 여유를 두고 준비하라고 조언하는 이유가 여기에 있다.

서류 검토, 예상보다 긴 기다림

후보자가 제출한 서류는 채용 기업의 인사팀에 전달되어 검토 과정을 거친다. 이때, 회사가 지원자의 서류를 실시간으로 확인하고 즉각적인 피드백을 줄 것이라고 기대하면 안 된다. 인사팀은 여러 지원자의 서류를 모아 비교 검토하는 과정을 거치기 때문에 통상적으로 최소 2주, 평균 3~4주 정도의 서류 검토 기간이 소요된다. 또한, 인사팀에서 서류를 현업 부서에 전달하더라도 현업 부서 역시 본연의 업무가 우선이므로 즉각적인 검토와 결정을 기대하기는 어렵다. 마치 여러 부서의 결재를 거쳐야 하는 중요한 문서처럼, 채용 역시 다양한 내부 절차를 거치게 되는 것이다.

면접 일정 조율과 결과 발표의 시간

서류 전형 합격자가 발표되면 면접 일정을 조율하는 단계로 넘어간다. 이 과정 역시 통상적으로 2주 이상의 시간이 소요된다. 지원자의 스케줄뿐만 아니라 면접관의 스케줄까지 고려해야 하기 때문이다. 면접자가 많을 경우에는 3~4주 이상 걸리는 경우도 있다. 따라서 가장 먼저 면접을 본 지원자라면 최종 결과를 받기까지 최소 3주 이상의 시간이 걸릴 수 있다는 점을 염두에 두어야 한다.

1차 면접 합격 후 2차 면접이 진행될 경우, 면접관은 주로 임원급이나 대표이사급으로 구성되기 때문에 1차 면접보다 일정 조율이 더욱 어렵다. 2차 면접 역시 비슷한 기간이 소요된다고 가정하면, 면접 단계에서만 최소 1개월 이상의 시간이 소요될 수 있다.

최종 합격 그리고 입사까지의 과정

최종 합격 통보를 받게 되면 곧바로 입사가 이루어지는 것은 아니다. 처우 협의를 위해 필요한 서류를 준비하는 데 약 1주일 정도의 시간이 주어지며, 제출된 서류를 바탕으로 회사는 연봉, 직급 등의 처우 조건을 결정하고 오퍼레터를 준비한다. 이 과정은 빠른 회사의 경우 1주일 이내에 완료되기도 하지만, 일반적으로 2주 정도 소요된다(보고, 결재 등).

오퍼레터를 받은 지원자는 신중하게 내용을 검토하고 최종 결정을 내리게 된다. 이 과정에 보통 2~3일 정도의 시간이 소요된다. 최종 입사를 결정하게 되면, 비로소 현재 회사에 퇴직 의사를 밝히고 퇴직 절차를 진행하게 된다. 일반적으로 합격 후 3~4주 정도의 시간을 두고 입사하는 경우가 많지만, 개인적인 사정이나 업무 인수인계 등의 이유로 더 많은 시간이 필요하다면, 회사와 협의하여 입사일을 조정하기도 한다. 하지만 대부분 3~4주 이내에 입사가 이루어지는 것이 일반적이다(해외 채용, 지방 이동 등의 경우 더 많은 시간이 필요하다).

이직, 장기적인 관점에서 준비해야

지금까지 살펴본 채용 과정을 종합해 보면, 헤드헌터의 컨택부터 시작하여 최종 입사까지 평균 3~4개월 정도의 시간이 소요되는 것이 일반적인 흐름이다. 물론 서류 제출부터 면접, 결과 발표까지 일사천리로 진행되어 1~2개월 만에 입사가 결정되는 예외적인 경우도 있지만, 대부분의 상황에서는 3~4개월, 길게는 그 이상의 시간이 걸릴 수 있다는 점을 명심해야 한다.

따라서 이직을 고려하고 있다면 최소 6개월 이상의 장기적인 관점으로 준비, 시작하는 것이 현명하다. 현재 이직을 시작하는 단계라면, 앞으로 3개월 후쯤 새로운 회사로 이동할 수 있다고 예상하고 계획을 세우는 것이 바람직하다. 마치 마라톤을 완주하기 위해 꾸준한 훈련과 준비가 필요한 것처럼, 성공적인 이직 역시 충분한 시간과 노력을 투자해야 얻을 수 있다.

6

이직 타이밍보다 더 중요한 것은
결정의 기준이다

이직의 갈림길

책상에 앉아 업무를 하다 문득 생각이 멈췄다. "지금 이직을 해야 하나?" 연봉 협상이 기대에 미치지 못하고, 승진 명단에 이름이 빠졌다. 이직을 고민하지만, 지금이 적절한 때인지, 언제 움직여야 할지 머릿속이 복잡하다. 새로운 도전을 꿈꾸지만, 타이밍이 맞는지 확신이 없다. 이직 시기를 고민하며 업무에 집중하지 못한 적이 누구나 있을 것이다. 이직은 단순히 회사를 바꾸는 게 아니라, 나의 커리어를 재정의하는 결정이다.

이직 시기의 두 얼굴

이직 시기를 고민할 때는 크게 두 가지 측면을 고려해야 할 듯하다. 첫 번째는 개인적인 결심의 시점, 즉 이직을 결심하게 된 계기나 상황적인 요인이고, 두 번째는 실질적인 이직 활동을 시작하고 완료하는 데 유리한 시점, 즉 연중 몇 월이나 어떤 분기가 적절한가 하는 날짜의 개념이다. 우선, 자신이 왜 지금 이직을 결심하게 되었는지 그 근본적인 이유와 상황을 깊이 고민해야 한다. 단순히 '이 회사에 몇 년 다녔으니 이제 이직할 때가 된 것 같다'는 막연한 생각으로 시작하는 움직임은 결코 자신에게 긍정적인 결과를 가져다주기 어렵다. 목적 없는 이직은 경력에 부정적 영향을 줄 수 있다.

이직을 결심하게 되는 계기들

이직을 생각하는 계기는 사람마다 다르다. 하지만 흔히 나타나는 몇 가지 상황이 있다. 승진 누락, 기대 이하의 연봉 인상, 회사의 성장 정체 등이 대표적이다. 특히 보상에 대한 불만은 이직의 가장 큰 동기가 되곤 한다.

이때 중요한 것은 내 기대가 현실과 얼마나 괴리가 있는지, 그리고 그 이유가 무엇인지 스스로 진단하는 것이다. 단순히 억울하다고 느끼는 감정이 아니라, 나의 경력과 성과가 시장에서 얼마만큼의 가치가 있는지 객관적으로 따져봐야 한다. 이 부분은 결코 혼자 판단하기 어렵다. 산업 분석 리포트, 동종 업계의 연봉 수준, 헤드헌터나 현업 지인과의 대화 등을 통해 충분한 정보를 확보해야 한다. 또한, 이직 시장에 나와서 어떤 평가, 대우를 받을 수 있는지 점검해보는 것도 중요하다.

만약 자신의 시장 가치가 높지 않다고 판단된다면, 섣부른 이직은 오히려 나쁜 결과를 초래할 수 있다. 실제로 산업, 채용 시장의 가치보다 더 높은 연봉을 받고 있음에도 불구하고 전혀 인지하지 못하고, 이직하면 연봉 등 처우가 높아질 거라는 막연한 기대를 하는 분들이 매우 많다.

현 회사에서 더 높은 성과를 내고 인정받을 수 있도록 노력하는 것이 먼저이며, 본인의 시장 가치가 더 높다고 판단이 된다면 적극적으로 채용 시장의 평가를 받아 보고 이직 여부를 결정하는 것도 좋은 방법이다.

커리어 성장이 멈췄다고 느낄 때

회사의 성장이 멈췄거나 커리어에 도움이 안 된다고 느끼면 이직을 고민하게 된다. 하지만 산업 문제인지 회사 문제인지 구분해야 한다. 산업 전반의 침체기라면 이직한다고 문제가 개선되지 않는다. 예를 들어, 전통 제조업이 위축됐다면, 같은 산업 내 이직은 큰 변화를 가져오지 않는다. 이 경우, 직무를 확장하거나 새로운 산업으로 이동을 고려하자. 데이터 분석을 배우거나, 프로젝트 관리로 역할을 넓히는 식이다.

만약 문제가 자신의 회사에만 국한된 것이라면, 이는 자신 역시 속한 구성원으로서 자신의 성과와 직접적으로 연결된 문제이다. 따라서 단순히 이직을 통해 자신의 시장 가치를 높이려고 하기보다는(일시적으로 높아질 수는 있어도 지속적인 경쟁력 확보에는 어려움이 따를 수 있다.) 현재 회사에서 더 높은 성과를 내기 위해 스스로 노력하는 자세가 필요하다.

날짜보다 중요한 건 흐름의 이해

많은 이들이 이직 시점을 '몇 월이 좋을까?'라는 식으로 계산하려 한다. 실제로도 이직 시장에는 계절적 흐름이 존재한다. 일반적으로 1~2분기에는 채용 수요가 활발하다. 연초에는 신규 사업과 조직 개편에 따른 포지션이 열리고, 2~3월에는 연봉 협상이나 승진 누락으로 퇴사자가 생기면서 채용 자리가 발생한다.

반면, 3분기 말~4분기 초는 연말 사업 정리 시즌으로 채용이 줄어든다. 따라서 실질적인 이직 타이밍은 연말부터 준비를 시작해 1~2분기 초에 서류와 면접을 진행하는 흐름이 이상적이다. 하지만 시기보다 더 중요한 건 준비의 완성도다. 이직은 결국 단거리 달리기가 아니라, 꾸준히 준비한 사람이 이기는 마라톤이다.

이직 전 점검할 것들

이직을 결심했다면, 몇 가지를 점검하자.

1) 시장가치 평가

잡사이트, 동료, 헤드헌터 등을 통해 내 경력의 가치를 확인하자. 예를 들어, '내 성과가 산업 평균보다 높은가?'를 기준으로 판단한다. 시장 가치가 낮다면, 현 회사에서 더 많은 성과를 쌓는 것이 바람직하다.

2) 산업과 회사 분석

산업의 성장성과 회사의 문제를 구분하자. 산업이 침체됐다면, 직무 확장이나 새로운 산업 진출을 고려하자. 회사 문제라면, 내 성과로 변화를 만들어 보도록 현 위치에서 최선을 다해야 한다.

3) 네트워킹과 준비

헤드헌터, 업계 세미나, 링크드인 등을 활용해 정보를 모으자. 이력서와 자기소개서를 다듬고, 예상 면접 질문을 연습하자.

이직, 감정이 아닌 전략으로 접근해야 한다

채용 과정이 짧게 끝나면 좋겠지만, 통상적으로 서류 검토부터 최종 합격까지 최소 3~4개월 정도 소요되는 것을 고려해야 한다. 따라서 1분기 말부터 2분기, 그리고 3분기 초까지는 사업 확장이나 퇴직으로 인한 결원 충원 등 다양한 이유로 채용 시장이 비교적 활발한 시기이다. 반면 3분기 말부터 4분기는 대부분의 기업들이 한 해 사업을 마무리하는 단계이므로, 채용을 마감하거나 꼭 필요한 경우를 제외하고는 다음 해로 채용 계획을 넘기는 것이 일반적이다. 따라서 성공적인 이직을 희망한다면, 연말부터 본격적으로 이직 준비를 시작하여 1~2분기에 적극적으로 지원하고 면접에 임하는 것이 일반적인 전략이다(물론, 3분기, 4분기, 그리고 연말에도 이직에 성공하는 사례가 분명히 존재한다).

무작정 회사를 그만두는 것이 이직은 아니다. 감정적인 피로, 순간의 불만으로 움직이는 것은 오히려 내 커리어를 흔들 수 있다. 내 시장 가치, 산업의 흐름, 회사 내부의 상황, 이직 시점의 흐름까지 종합적으로 분석하고 결정해야 진짜 성공적인 이직이라 할 수 있다. 요즘과 같은 고용 불안정 시대에는 직장이 나를 선택하는 것이 아니라, 내가 직장을 선택할 수 있는 사람인지 끊임없이 점검하는 자세가 필요하다. 이직의 타이밍을 고민하고 있다면, 그 전에 스스로를 돌아보는 시간이 선행되어야 한다.

내 이력서를 보는 사람은 누구일까?

회사에서는 왜 헤드헌터에게
채용을 의뢰하는가?

모든 회사에는 인사 담당자, 채용 담당자가 있다. 그런데도 굳이 외부 헤드헌터에게 비용을 지불하며 사람을 채용하는 이유는 무엇일까? 이 질문에 대한 답은 단순한 '업무 분담' 이상의 의미를 가지고 있다.

회사 내부 인력만으로는 한계가 있다

기업 내 인사팀은 단순히 채용만 하는 조직이 아니다. 채용 외에도 인사기획, 평가, 보상, 조직 운영, 보고 등 다양한 역할을 병행한다. 여기에 채용 공고 작성, 면접 일정 조율, 후보자 커뮤니케이션, 채용 보고서 작성까지 모두 직접 하려면 물리적, 시간적 제약에 부딪히기 마련이다. 이때 헤드헌터는 채용의 일부 프로세스를 분담해주는 파트너 역할을 하게 된다.

실제로 채용 포지션이 많아질수록 내부 인력만으로는 관리가 어려워진다. 특히 긴급한 포지션이 있거나, 단기간 내 복수 인력을 채용해야 하는 경우, 업무량은 눈덩이처럼 불어난다. 헤드헌터는 이 과정을 대신 수행하며, 적합한 인재를 빠르게 선별해준다. 단순한 소개가 아니라, '채용 기획부터 최종 후보자 추천까지'의 종합 솔루션을 제공하는 셈이다.

비공개 채용, 교체 인사 등 조용한 채용에는 헤드헌터가 필요하다

때로는 채용 그 자체를 외부에 공개하지 않아야 하는 경우도 있다. 예를 들어, 현재 해당 직무에 재직 중인 인원을 교체해야 하는 상황이거나, 신규 사업 추진을 위한 핵심 인력을 조용히 확보해야 할 때, 채용 공고를 내는 것은 오히려 리스크가 된다. 이런 경우, 헤드헌터는 '조용한 채용'을 수행하는 중요한 통로가 된다.

이들은 기업의 요청에 따라 포지션에 적합한 인재를 물밑에서 접촉하고, 현재 직장을 다니는 인재들과도 연결을 시도한다. 직접 지원을 받는 구조가 아니라, 적합한 후보에게 맞춤형 제안을 하는 방식이기에 사전에 노출되지 않고도 채용을 완료할 수 있다.

적합하지 않은 지원자 필터링, 헤드헌터가 더 정밀하다

채용 공고를 오픈하면 수많은 이력서가 들어온다. 그런데 실제 채용 조건에 부합하지 않는 지원이 대부분인 경우도 많다. 30대 중반을 원하는 포지션에 40~50대 지원자가 대거 몰리는 경우도 있고, 필수 요건이 명확히 기재되어 있음에도 무관한 이력이 지원되는 경우도 비일비재하다. 이력서를 일일이 검토하고, 걸러내는 것만으로도 상당한 시간과 에너지가 소비된다(탈락 버튼 누르는 것도 업무가 늘어나는 것이다).

헤드헌터는 사전 인터뷰를 통해 이 조건들을 엄격하게 적용하고, 가능성 있는 후보만 추천하기 때문에 기업 입장에서는 시간과 리소스를 크게 절약할 수 있다. 즉, 단순한 추천이 아니라 사전 검증된 맞춤 후보자를 만날 수 있다는 것이다.

표면 아래 숨겨진 조건들, 헤드헌터는 안다

채용 공고에는 적을 수 없는 내용도 있다. 예를 들어 '성별 무관'이라고 적혀 있지만, 실제로는 특정 성별을 우선 선호하는 경우가 있다. 이는 외부적으로 노출되면 문제가 될 수 있기 때문에 공개 채용에서는 드러낼 수 없다. 하지만 내부적으로는 분명한 요구사항인 경우, 헤드헌터를 통한 채용은 이를 충족할 수 있는 방법이 된다.

또한 회사가 겉으로는 밝히지 않는 업무 스타일, 조직 문화, 선호하는 성향 등이 후보자 선택 기준에 작용할 수 있다. 이처럼 복합적인 요소를 고려한 정성적인 판단은 내부 채용 담당자가 단기간에 수행하기 어렵다. 반면, 헤드헌터는 기업과의 긴밀한 커뮤니케이션을 통해 이런 비공식 정보를 파악하고, 그것을 바탕으로 정확도 높은 매칭을 시도한다.

법적 리스크 최소화와 네트워크 활용의 차이

기업이 직접 타깃 인재에게 접근할 경우, 법적 리스크가 발생할 수 있다. 특히 경쟁사에 재직 중인 인재를 직접 접촉하면, 부정경쟁행위 또는 정보 유출 이슈로 이어질 가능성이 있다. 헤드헌터는 이 과정에서 중립적인 입장에서 접근하며, 법적 책임도 기업 입장에서 자유로울 수가 있으며, 이러한 이유로 기업이 헤드헌터를 활용하게 되는 것이다.

무엇보다도 헤드헌터는 열려 있지 않은 시장에 접근할 수 있는 사람들이다. 구직 사이트에 이력서를 올리지 않는 인재, 이직을 고려하지 않던 사람에게도 전략적으로 접근할 수 있다. 이는 기업이 직접 찾을 수 없는 후보자 풀을 활용하는 효과적인 방법이다.

단순한 인재 소개가 아닌, 전략적 파트너십

결국 헤드헌터는 단순히 사람을 찾아주는 사람이 아니다. 기업 내부 인력만으로는 처리하기 어려운 전략적 채용, 비공개 인력 수급, 후보자 관리, 정성적 기준의 선별, 법적 위험 관리까지 포괄하는 복합적 역할을 수행하는 전문가다(더 나아가 산업 동향까지 전달을 한다). 그래서 기업은 돈을 지불하고서라도 헤드헌터에게 의뢰한다. 시간과 노력을 절약하고, 더 적합한 인재를 만나기 위한 부분이고, 지금도 헤드헌터 시장이 존재하고, 활발하게 작동하는 이유다.

내 이력서를 보는 사람은 누구일까?

"면접을 4번이나 본다고요?"

이직 준비자들이 회피하는 기업의 공통점

면접 횟수는 이직 준비자에게 큰 부담이다. 3~4차까지 이어지는 면접은 지원자를 지치게 하고, 이는 기업 이미지에도 부정적인 영향을 준다. 특히 최신 채용 트렌드는 '간결한 채용'으로 바뀌고 있으며, 면접이 많은 기업은 좋은 평가를 받기 어렵다. 주니어 직무에 대표 면접이 필수인 경우, 조직 내 권한 위임이 없다는 인식을 주어 지원자에게 회사 매력도가 떨어질 수밖에 없는 것이다.

과도한 면접은 기업 입장에서도 손해다. 시간, 인력, 비용 소모는 물론, 채용 지연으로 우수 인재를 놓치게 된다. 중요한 것은 면접 횟수가 아니라 스마트한 구조다. 원데이 인터뷰나 패널 면접, 혹은 비공식적인 임원 면담 등 지원자의 시간을 존중하고 배려하는 방식이 중요하다. 대표나 임원이 팀원급 면접까지 직접 보는 것은 비효율적인 조직 문화를 보여주는 예시이다.

면접이 길어질수록 지원자의 피로도는 높아지고, 매력적인 인재일수록 먼저 다른 곳으로 이직할 가능성이 매우 높아진다. 유비가 제갈량을 세 번 찾아간 것은 인재 존중의 상징이지만, 오늘날 기업이 세 번의 면접을 요구하면 비효율로 읽힐 수 있다. 빠르게 변하는 이직 시장에서 기업은 채용 과정의 속도와 효율성, 그리고 지원자에 대한 신뢰와 배려를 다시 한번 고민해야 한다. 좋은 인재는 더 이상 기다려주지 않는다.

2장

이직의 전략

당신이 더 뛰어난데, 왜 떨어졌을까?

기업은 왜 경력보다 경험을 중시할까?

이직은 단순한 경쟁이 아니라, 적합성의 문제이다.

이 장에서는 떨어진 이유를 되짚고,

실패 없는 이직 전략을 제시한다.

기업은 왜 경력보다 경험을 중시할까?

이직은 단순한 경쟁이 아니라, 적합성의 문제이다.

이 장에서는 떨어진 이유를 되짚고,

실패 없는 이직 전략을 제시한다.

1

당신이 더 뛰어난데,
왜 떨어졌을까?

채용의 진짜 목적은 '적합성'이다

헤드헌터 업무를 하다 보면 하나의 채용 포지션에 수십 명의 이력서를 받는 일이 빈번하게 발생한다. 그 많은 이력서를 검토하다 보면, 객관적으로 가장 우수해 보이는 지원자가 눈에 들어오게 마련이다. 학력, 경력, 자격증, 어학 점수, 포트폴리오까지 빠짐없이 완벽한 이력서 앞에서 자연스럽게 줄 세우기를 하게 된다. 하지만 아이러니하게도, 그런 우수한 인재가 최종 합격하지 못하고, 의외의 후보자가 입사하는 경우가 꽤 자주 발생한다. 이는 단순한 우연이 아니다. 채용은 대학 입시처럼 점수를 매기고 상위권을 선발하는 구조가 아니기 때문이다. 조직에 가장 '적합한' 사람을 찾는 과정이 바로 채용이다.

뛰어난 사람보다 '잘 맞는 사람'이 필요하다

채용 과정은 마치 축구팀의 스카우트와 비슷하다. 아무리 공격력이 뛰어난 선수를 11명 모아도 우승을 장담할 수는 없다. 공격수, 수비수, 미드필더, 골키퍼가 각각의 역할을 충실히 해낼 때 최적의 시너지가 발생하는 법이다. 조직도 마찬가지다. 외향적이고 에너지 넘치는 분위기의 팀에는 조용하지만 꼼꼼한 사람이 필요할 수 있고, 반대로 계획적이고 계산적인 인재들이 많은 팀에는 다소 부족하더라도 실행력 좋은 인재가 더 적합할 수 있다. 즉, 가장 뛰어난 사람이 아닌, 가장 '잘 맞는' 사람이 필요하다.

오버스펙이 탈락 사유가 되기도 한다

실제로 "스펙도 좋은데, 면접도 잘 봤는데 왜 떨어졌는지 모르겠다."는 지원자의 말을 자주 듣는다. 이럴 때면 '너무 뛰어나서 탈락한 것'이라는 말로 위로할 수밖에 없다. 어느 정도 사실이기도 하다. 팀장의 입장에서 자신보다 경력이 많거나 학벌이 뛰어난 지원자를 부담스러워하는 경우는 흔하다. 채용은 단순히 능력 좋은 사람을 뽑는 것이 아니라, 조직에 잘 스며들고, 팀워크를 해치지 않으며, 주어진 업무를 성실히 수행할 수 있는 사람을 뽑는 것이다. 오버스펙은 때때로 조직에 대한 충성도나 장기 근속에 의문을 들게 해, 오히려 탈락 요인이 되기도 한다.

고스펙보다 '적응력'이 중요한 이유

한 인사 담당자는 "서울대보다 지방대 출신이 우리 회사에는 더 잘 맞는다."고 말한 적이 있다. 회사 자체가 고스펙 중심으로 돌아가지 않고, 조직 문화나 업무 난이도 역시 그런 인재를 수용할 수 있는 수준이 아니기 때문이다. 고스펙 입사자는 조직 내 불만족, 낮은 몰입도, 높은 이직률로 이어질 수 있다는 의미이며, 결국 능력보다는 회사 적응력이 더 중요한 요소인 것이다.

탈락은 실패가 아니라 '불일치'일 뿐이다

이직에 실패했다고 해서 자존감이 낮아질 필요는 없다. 이는 단순히 내 능력이 부족해서가 아니라, 해당 조직과 나의 '궁합'이 맞지 않았을 가능성이 크다. 옷도 내 몸에 맞는 사이즈가 있듯, 회사도 나와 맞는 조직이 따로 있다. 남들이 아무리 좋은 회사라고 해도, 내가 불편하고 힘들면 그곳은 나에게 좋은 회사가 아니다. 반대로 남들이 기피하는 회사라고 해도, 나와 잘 맞고 만족스럽다면 그곳이 바로 나에게 좋은 회사다.

'적합한 회사'를 찾는 여정으로서의 이직

채용은 지원자의 일방적인 선택이 아니라, 회사와 지원자가 서로를 선택하는 과정이다. 따라서 단순히 기업의 평판이나 연봉 수준만 보고 판단하기보다는, 면접 과정에서 느낀 분위기, 구성원들과의 대화, 회사가 강조하는 가치관 등을 종합적으로 고려해 판단해야 한다. 정보가 부족한 상태라면 직접 부딪혀보는 것도 방법이다. 면접을 통해 조직 문화를 체감하고, 입사 후 나와 잘 맞을지 스스로 판단해야 한다. 이 과정 속에서 회사를 알아가고, 나를 알아가는 것이야말로 진짜 의미 있는 이직이다.

회사는 '할 수 있는 사람'보다
'해본 사람'을 원한다

채용 공고가 올라오면 많은 지원자들이 '이 일, 내가 꼭 하고 싶다'는 열정을 담아 지원서를 작성한다. 하지만 기업이 실제로 원하는 인재는 그 업무를 하고 싶은 사람이 아니라, 이미 그 업무를 해본 경험이 있고, 실질적인 성과를 낸 사람이다. 이러한 채용 기준은 단순한 선호의 문제가 아니다. 기업은 채용이라는 큰 리스크를 감수하고 새로운 인재를 영입하는 것이기 때문에, 지원자의 가능성보다 검증된 성과와 경험을 더 중시할 수밖에 없다.

하고 싶은 사람보다 해본 사람이 중요한 이유

이력서에는 "해당 직무에 큰 관심이 있습니다.", "이 업무를 통해 역량을 발휘하고 싶습니다."라는 문장이 자주 등장한다. 그러나 면접장에서 채용 담당자와 실제로 이야기를 나누다 보면, '그 업무를 얼마나 잘할 수 있는가'보다는 '그 업무를 실제로 해본 적이 있는가'가 더 중요한 평가 기준이 되는 경우가 많다.

예를 들어 마케팅 포지션의 경우, 기업은 보통 마케팅 전략 수립, 캠페인 운영, 데이터 기반 성과 분석 등의 실무 경험이 있는 사람을 원한다. 반면, 실제 지원자들을 보면, 영업, 생산, 고객 서비스 등 전혀 다른 직무에서 마케팅으로 커리어 전환을 희망하여 지원하는 경우가 많다. 기업 입장에서 이런 지원자는 불확실한 카드다. 실무 적응 시간, 직무 이해도, 업무 전환에 따른 조직 내 리스크 등을 고려하면, '원해서 지원한 사람'보다는 '이미 성과를 입증한 사람'에게 손을 들어줄 수밖에 없는 것이다.

JD와 현실의 괴리 : 완벽한 인재는 없다

물론 채용 공고에 나열된 직무 설명서(Job Description)는 회사가 희망하는 이상적인 인재상일 뿐이다. 모든 항목에 부합하는 인재는 극히 드물다. 하지만 그럼에도 불구하고 기업은 핵심 역량 중심으로 평가하며, 최소한 유사한 업무를 수행했던 경험이 있는지를 중요하게 본다.

기업에서는 경험이 전혀 없는 지원자보다 유사한 경험이라도 있는 사람을 선호한다. 다시 말해, 100% 일치하지 않아도 최소한 직무 유사성과 이전 경력의 연결성이 있어야 채용 가능성이 높아진다는 의미다. 또한 일부 기업에서는 비현실적인 요건을 나열하기도 한다. 예를 들어, 마케팅 인재를 채용하면서 동시에 영업 경험, 해외 수출 경험까지 요구하는 사례도 있다. 이는 결국 모든 것을 다 할 수 있는 '일당백' 인재를 찾겠다는 것인데, 현실적으로 실현 가능성은 극히 낮다. 시간이 지나면 기업도 이를 인식하고, 채용 조건을 완화하거나 포지션을 재조정하는 과정을 거친다.

지원자는 어떻게 전략을 짜야 할까?

채용 공고를 보면 '이 일, 나도 잘할 수 있을 것 같다'는 생각이 들 수 있다. 하지만 그보다 더 중요한 질문은 '나는 이 일을 실제로 해본 적이 있는가?'이다. 하고 싶은 일과 할 수 있는 일, 그리고 해봤던 일은 분명히 다르다.

만약 지금의 직무에서 하고 싶은 일을 해본 경험이 없다면, 이직을 통한 커리어 전환보다는 현 직장에서 업무 전환의 기회를 모색하는 것이 훨씬 현실적인 전략이다. 예를 들어 마케팅으로 커리어를 전환하고 싶은 영업 담당자라면, 현재 회사에서 마케팅 협업 업무나 프로모션 기획 프로젝트에 참여하는 방식으로 실무 경험을 쌓는 것이 바람직하다. 또는 소규모 기업이나 스타트업으로의 이직도 전략이 될 수 있다. 조직 규모가 작을수록 한 사람이 다양한 역할을 맡을 가능성이 높아지기 때문에, 새로운 직무를 직접 경험해 볼 기회가 더 많다.

기업도 때로는 유연한 시각이 필요하다

물론 특정 산업군에서는 해당 업무 경험자를 찾기가 극히 어려운 경우도 있다. 이럴 때는 기업이 인재 채용 전략을 일부 수정하는 경우도 있다. 예를 들어, 마케팅 경험자가 부족한 업종에서는 영업 전략이나 영업 지원 부서에서 마케팅과 연관된 경험을 해본 후보자까지도 검토 대상에 포함된다. 하지만 이러한 경우는 매우 제한적이며, 대부분은 '근사치 인재'를 찾는 과정에서 생긴 예외적 케이스일 뿐이다. 일반적인 상황에서는 여전히 직무 경험의 유무가 핵심 기준이라는 점을 명심해야 한다.

결론적으로 '할 수 있다'는 의지가 아닌, '해봤다'는 경험이 경쟁력이다

채용 시장에서 중요한 건 가능성보다 실현력이다. 기업은 '이 업무를 잘할 수 있을 것 같다'는 기대보다, '이 업무를 해봤고, 성과를 낸 사람'이라는 확신을 더 신뢰한다. 따라서 채용 공고를 보고 단순히 관심만 가지고 지원하기보다는 내 경험이 해당 직무와 얼마나 맞닿아 있는지, 실제 해본 경험이 있는지를 되돌아보는 것이 필요하다. 하고 싶은 일을 하기 위해선 준비된 경험을 먼저 만들어야 한다. 그리고 그것은 반드시 이직을 통해서만 이룰 수 있는 것은 아니다. 경험 없는 분야로의 무작정 이직보다는 현재 위치에서 전략적으로 경력을 쌓아가며 직무 전환의 기회를 준비하는 것이 장기적인 커리어 성공을 위한 현명한 선택이 될 수 있다.

3

형식적인
채용 절차는 없다

채용 과정, 그저 '형식'이라고 착각하면 위험하다

채용은 단순히 사람을 뽑는 절차가 아니다. 회사는 새로운 사람을 맞이할 때, 수많은 관문을 거치며 그 사람의 역량과 태도, 문화 적합성까지 꼼꼼하게 검토한다. 서류 전형, 인성검사, 과제 제출, 실무 테스트, AI 면접, 레퍼런스 체크, 건강검진 등 이 모든 절차는 결코 형식적이거나 의례적인 절차가 아니다.

많은 구직자들이 일부 채용 전형, 특히 인성검사 등을 가볍게 넘기는 경우가 많다. 하지만 실제 채용 시장에서 느끼는 바에 따르면 이러한 부분에서 탈락하는 지원자가 적지 않다. 그 비율은 체감상 약 10% 이상인 듯하다. 이는 단순히 실력이 부족해서가 아니라 '형식적인 과정'이라고 생각해 대충 임한 결과다.

인성검사와 적성검사, 형식 아닌 '걸러내는 도구'

대부분의 대기업과 중견기업에서는 인성검사와 적성검사를 필수로 진행한다. LG, 삼성, SK 등의 그룹사에서 진행하는 적성검사는 단순한 평가를 넘어, 조직과의 적합도를 판별하는 정교한 도구로 쓰인다. 인성검사는 단순 성격 진단이 아니라 실제 조직 내에서 발생할 수 있는 갈등 상황, 업무 스타일 등을 사전에 예측하기 위한 평가로 활용되고 있다.

2장 이직의 전략

51

실제로 인성검사에서 비일관된 응답을 하거나, 지나치게 극단적인 성향을 보이는 결과가 나온 경우, 탈락 사유로 적용되고 있다. 이는 특히 팀워크와 커뮤니케이션을 중시하는 조직에서 더욱 그렇다. 아무리 실력이 뛰어나더라도, 조직에 해가 될 수 있는 성향이라 판단되면 채용에서 제외되는 것이다.

실무 과제, 결과보다 '태도'를 본다

마케팅, 디자인, 콘텐츠 기획 등 크리에이티브 기반의 직무에서는 과제가 빠지지 않는다. 하지만 많은 지원자들이 과제를 단지 형식적인 통과 절차로 인식하고, 인터넷에서 복붙한 자료로 제출하는 경우가 많다. 문제는 이런 태도가 바로 드러난다는 점이다.

기업은 과제를 통해 단지 결과물의 완성도를 보는 것이 아니다. 아이디어의 출발점, 자료 조사 범위, 문제 해결 접근 방식 등 일을 대하는 태도를 본다. 심지어 어떤 기업은 과제 수행 방식에 따라 서류 평가보다 더 높은 가중치를 부여하기도 한다.

한 디자인 대행사의 인사 담당자는 "실제 프로젝트를 시뮬레이션한다는 마음으로 임한 사람은 금방 티가 난다. 반대로 인터넷에서 긁어온 자료는 금방 드러나고, 탈락 사유가 된다."고 밝혔다.

개발자 테스트, 실력을 '증명'하는 유일한 방식

개발자 직군에서는 테스트가 거의 필수다. 어떤 개발 경험이 있는지, 포트폴리오가 어떤지보다 더 중요한 건 그 사람이 지금 이 순간, 본인의 힘으로 문제를 해결할 수 있는가이다. 일부 기업에서는 온라인 코딩 테스트를 심지어, 일부 회사에서는 아예 종이 기반의 필기 테스트를 진행하기도 한다. 종이 시험은 특히 검색이나 외부 도움 없이 지원자의 순수 역량을 보기 위한 방식이다. 구글링 없이 문제를 풀 수 있는가? 자료 없이도 기본기를 갖추고 있는가? 이러한 테스트는 경력자에게도 예외 없이 적용된다.

채용 검진, 최종 합격 후에도 변수가 된다

건강검진은 대부분의 지원자들이 형식이라고 여기는 대표적 절차다. 하지만 기업의 입장에서 이는 매우 중요한 마지막 관문이다. 전염병 여부, 특정 질환 유무, 업무 수행 가능 여부 등을 점검하는 절차이기 때문이다.

실제로, B2B 기반의 외근 업무가 많은 한 중견기업에서는 건강검진 결과에서 폐결핵 소견이 나온 지원자의 채용을 연기한 사례가 있다. 기업은 해당 지원자가 완치 후 입사할 수 있도록 안내했으며, 이는 단순한 배려가 아닌 조직 내 감염 가능성을 차단하기 위한 조치였다. 채용 시 검진 결과가 문제가 되어 입사가 연기되거나 취소되는 경우도 드물지 않게 발생한다.

채용 전형에 '형식'은 없다. 오직 '검증'만 존재한다

회사가 많은 시간과 비용, 자원을 들여 채용 절차를 만드는 이유는 단 하나다. 올바른 사람을 뽑기 위함이다. 각 전형은 그 사람을 입체적으로 바라보기 위한 수단이며, 어떤 절차든 '의미 없는 형식'은 없다. 모든 전형은 성실하게 준비한 사람과 대충 넘긴 사람을 가르는 경계선이다. 결국 구직자는 자신이 그 경계선이 어느 편에 서 있는지 선택해야 힌다.

4

직무가 먼저일까?
회사가 먼저일까?

직무냐, 회사냐, 어디에 우선순위를 두어야 할까?

누구나 한 번쯤 이런 고민에 빠진다. 대기업의 이름값을 따를 것인가, 아니면 내가 진짜 하고 싶은 업무를 좇을 것인가?

예를 들어, 평소 인사업무에 대한 열정을 품고 대기업과 같은 규모 있는 회사를 꿈꿔왔다고 가정해보자. 그런데 마침 채용 공고가 떴는데, 희망하는 대기업에서는 인사업무가 아닌 영업이나 생산과 같은 전혀 다른 직무의 자리가 나왔다. 반면, 중소기업에서는 바로 당신이 원하던 인사업무 채용 공고가 올라왔다면 어떤 선택을 해야 할까? 비록 직무는 맞지 않지만, 꿈에 그리던 대기업의 다른 업무를 맡을 것인가? 아니면 회사의 규모는 작더라도, 자신이 진정으로 원하는 인사업무를 선택할 것인가? 이는 참으로 쉽지 않은 고민거리이다.

우리는 이미 학창 시절에 비슷한 선택의 순간을 경험한 적이 있다. 대학 입시를 앞두고 자신의 수능 점수에 맞춰 원하는 학과를 우선적으로 고려하여 학교를 선택하기도 했고, 반대로 자신의 점수로 갈 수 있는 학교를 먼저 알아본 후 그 안에서 학과를 선택하기도 했다.

직무와 회사의 선택 역시 이와 비슷한 문제이다. 자신의 업무 경력과 가장 잘 맞는 직무를 선택하자니 현실적인 조건들이 걱정되고, 현실적인 조건을 우선적으로 고려하자니 앞으로의 커리어에 대한 적성 문제가 발목을 잡는 듯한 기분이 든다.

이 질문에는 정해진 정답은 없다. 다만, 개인의 취향이 존재할 뿐이다. 만약 당신이 조직 문화에 비교적 잘 융화되고 적응하는 스타일이라면, 회사의 규모나 안정성을 우선적으로 선택하는 것이 더 나은 결과를 가져올 수 있을 것이다. 반대로, 자기 주장이 강하고 자신의 자아 실현을 직장생활에서 더 중요하게 생각한다면, 현실적인 부분을 어느 정도 포기하더라도 자신이 진정으로 원하는 직무를 선택하는 것이 만족도를 높일 수 있는 길일지도 모른다(물론, 이 역시 절대적인 정답은 아니다. 다만, 개인적인 성향에 따른 조심스러운 제안일 뿐이다).

성향에 따라 달라지는 선택 기준

회사의 브랜드가 주는 안정감이 필요하다면, 어느 정도 직무의 변화를 감수하더라도 큰 조직에 들어가는 것이 더 맞을 수도 있다. 조직에 잘 적응하고 타인과의 관계에서 스트레스를 덜 받는 사람이라면, 기업의 시스템 안에서 다양한 기회를 누릴 수 있기 때문이다.

반대로 자기 일에 대한 주도권을 중시하는 사람이라면, 규모나 브랜드보다 자신이 원하는 직무를 선택하는 편이 맞다. 스스로 동기부여를 만들어야 하는 만큼, 애정이 있는 분야에서 일하는 것이 훨씬 오랫동안 에너지를 유지할 수 있다.

하지만 이런 선택의 자유는 사회초년생이나 주니어 시기에 가능한 특권이다. 연차가 쌓이면 조직은 지원자의 과거 이력에 따라 판단한다. 경력이 누적된 이후에는 다른 직무로의 이동이 채용자 입장에서 리스크로 비춰질 수 있기 때문이다. 결국 초반에 어떤 직무로 커리어를 시작했는지가 이후 기회를 좌우하게 된다.

경력자는 산업군과 직무 연결성을 살펴야 한다

직무와 회사 외에도 간과해서는 안 되는 요소가 있다. 바로 산업군이다. 동일한 직무라도 어떤 산업에서 일하느냐에 따라 성장 가능성, 평가 방식, 연봉 수준이 달라진다. 예를 들어, 소비재 기업에서 인사업무를 하는 것과 금융권에서 인사업무를 하는 것은 같은 일을 하더라도 커리어의 결이 다르게 쌓인다.

실제로 금융, 반도체, 바이오와 같이 고부가가치 산업군에서는 동일 직무라도 연봉 수준과 커리어 이동 기회가 많고, 시장에서도 높은 평가를 받는 편이다. 산업군의 선택은 회사보다 길게 영향을 미치므로, 이직 시에 반드시 고려해야 할 요소다.

경력이 쌓일수록 더욱 중요해지는 직무 전문성

하지만 이러한 고민은 사회초년생이나 주니어 시절에 비교적 자유롭게 할 수 있는 고민이다. 이미 상당한 경력과 연차가 쌓였다면, 위와 같은 선택은 현실적으로 매우 큰 어려움에 직면하게 된다. 자신의 전문 분야를 완전히 바꿔서 이직하는 것은 현실적으로 쉽지 않으며, 지금까지 쌓아온 경력을 포기하고 처음부터 다시 시작하는 것 또한 상당한 용기가 필요한 일이다. 따라서 사회생활 초기에 자신의 적성에 맞는 직무를 빠르게 찾아 전문성을 키워나가는 것은 매우 중요한 부분이다. 또한, 직장생활을 하면서 자신의 커리어를 어떤 단계로 발전시켜 나갈 것인지 미리 구상하고 계획을 세우지 않으면, 막상 좋은 기회가 찾아왔을 때 제대로 활용하지 못하는 상황에 놓일 수 있다.

직장생활을 하면서 신입사원 때 맡았던 직무를 퇴직할 때까지 그대로 유지하는 사람은 극히 드물다. 물론, 한 가지 직무만을 고수하는 분들도 분명히 있지만, 대부분의 경우 중간에 한두 번 정도 업무가 변경되는 것을 경험하게 된다. 예를 들어, 영업으로 직장생활을 시작하여 마케팅 업무를 거쳐 전략 기획 업무를 담당하게 되는 경우처럼 말이다. 자신이 이러한 변화에 미리 준비되어 있다면, 전환의 기회를 잘 포착하여 더욱 발전된 커리어를 쌓아 나갈 수 있지만, 준비가 부족하다면 좋은 제안이나 기회가 찾아와도 놓치기 쉽다.

성향에 따른 선택

선택은 개인 성향에 좌우된다. 두 가지 스타일을 살펴보자.

1) 융화형 : 회사 우선

조직에 잘 적응하고, 동료와의 협업, 안정적 환경을 중시한다면 회사 선택이 유리할 수 있다. 대기업은 체계적 시스템, 복지, 네임밸류를 제공한다. 예를 들어, 인사직을 원했지만 대기업 영업직을 선택하면, 브랜드 인지도와 자원을 활용해 커리어를 쌓을 기회가 생긴다. 대기업 경험이 장기적 커리어에 긍정적 영향을 줄 수 있다. 하지만 직무가 적성에 맞지 않으면 업무 만족도가 떨어질 수 있다.

2) 자아 중심형 : 직무 우선

적성과 자아 실현을 중시한다면 직무 선택이 맞는다. 중소기업의 인사직은 규모는 작지만, 원하는 업무로 전문성을 키울 수 있다. 예를 들어, 인사 포지션에서 채용 전략을 설계하며 실무 경험을 쌓으면 나중에 더 큰 회사로 이직할 기반이 된다. 적성에 맞는 직무는 회사생활 만족도가 높은 반면, 중소기업의 불안정성과 낮은 연봉은 현실적 고민이다.

경력 단계별 접근

선택은 커리어 단계에 따라 달라진다. 사회초년생과 경력자의 고민은 다르다.

1) 사회초년생 : 유연한 선택

사회초년생은 직무와 회사 선택에 유연할 수 있다. 대기업 영업직을 선택해 안정적 기반을 다지거나, 중소기업 인사직으로 적성을 키울 여지가 있다. 사회초년생의 초기 선택이 장기 커리어에 큰 영향을 주지만, 유연한 전환이 가능하다. 예를 들어, 영업직으로 시작해 2~3년 뒤 인사직으로 전환할 기회가 생긴다. 이 시기는 다양한 경험을 쌓으며 적성을 탐색하는 단계다.

2) 경력자 : 신중한 전환

경력이 쌓이면 선택이 복잡해진다. 7년차 인사 경력자가 대기업 영업직으로 전환하려면, 기존 경력을 포기하고 신입 수준에서 시작해야 할 수 있다. 현실적 제약이 크므로, 직무 전환은 신중해야 한다. 예를 들어, 인사 경력자가 유사 직무(조직문화 컨설팅)나 산업 전환(소비재→금융)으로 확장하는 게 더 현실적이다. 그래서 직무 전환에 대한 준비를 평소에 해야 하고 본인 커리어 방향성 설계를 잘해야 된다.

커리어는 선택이 아닌 준비된 자의 결과다

직무든 회사든 산업군이든, 결국 기회는 준비된 사람에게 온다. 본인이 맡은 업무에서 성과를 내고, 커리어를 어떻게 관리해왔는지에 따라 선택지가 열리기 때문이다. 중간에 직무가 전환되거나 새로운 기회가 왔을 때 그것을 받아들일 수 있는 역량이 없다면, 아무리 좋은 기회도 무용지물이 된다.

산업군의 숨은 변수

직무와 회사 외에 산업군도 중요한 선택 기준이다. 같은 직무라도 산업에 따라 연봉, 평가, 커리어 성장이 다르다. 예를 들어, 소비재 프랜차이즈의 인사직은 안정적이나 연봉이 낮을 수 있다. 반면, 금융권 인사직은 높은 연봉과 경쟁적 환경을 제공한다. 산업군은 직원의 시장가치와 만족도에 많은 부분 영향을 주는 요소이다. 산업 전환이 어려운 직무라면, 유사 산업으로 이동하거나 현 회사에서 성과를 극대화하자. 예를 들어, 건설업 인사직이 금융권으로 전환하기 어렵다면, 건설업 내 대기업으로 이동하거나, 프로젝트 관리로 직무를 확장하는 것이 좋다.

마지막 선택은 결국 나에게 달렸다

정답은 없다. 다만, 본인의 성향과 커리어 목표, 그리고 시장의 흐름을 이해하고 신중하게 판단하는 자세가 필요하다. 회사 브랜드에 끌릴 수도 있고, 직무에 끌릴 수도 있다. 중요한 건 어느 쪽을 선택하든 그 안에서 얼마나 잘 적응하고 성과를 낼 수 있느냐이다. 그리고 그 시작은 본인의 업무에 최선을 다하는 태도에서 비롯된다.

결론적으로, 직무, 회사, 산업군 등 다양한 선택지 앞에서 자신이 진정으로 원하는 직장생활과 커리어를 고려하여 현명한 선택을 하기 위해서는 무엇보다 자신의 업무 경력과 성과를 꾸준히 향상시켜 좋은 기회를 잡을 수 있는 역량을 키우는 것이 중요하다. 자신의 현재 업무에 최선을 다하는 자세야말로, 미래의 성공적인 커리어를 위한 가장 확실한 투자임을 잊지 말아야 한다.

5

계약직, 인턴 근무는
경력으로 인정받을 수 있는가?

취업이나 이직을 준비하는 많은 이들이 경력 연차를 중요하게 여긴다. 하지만 여기엔 보이지 않는 기준이 있다. 바로 정규직 경력 중심의 평가다. 계약직, 프리랜서, 인턴, 아르바이트 등 다양한 고용 형태가 존재하는 현대 사회에서 여전히 정규직만이 제대로 된 경력으로 인정받는 분위기가 있다.

정규직 경력의 기본값 설정

대부분 기업은 경력 산정 시 정규직 근무 기간을 기준으로 삼는다. 이는 단순히 근속 연수뿐 아니라, 업무의 지속성, 책임감, 조직 내 역할 등을 종합적으로 고려한 판단으로 보인다. 정규직은 조직 내 고정된 인력으로 분류되며, 회사의 전략적 운영에 기여할 수 있다는 기대가 포함되어 있다. 이에 따라 채용 담당자 입장에서는 정규직 근무 경험을 통해 지원자의 실무 능력과 조직 적응력을 가늠하려 한다.

계약직 경력, 어디까지 인정될까?

계약직 경력은 점점 더 다양하게 인정되는 분위기지만 여전히 조건부다. 계약직이라도 해당 직무와의 연관성이 명확하고, 성과 중심의 프로젝트에 투입되어 실질적인 기여를 한 경우에는 정규직 못지않게 인정받을 수 있다. 특히 IT, 콘텐츠 제작, 마케팅 등 프로젝트 중심 산업에서는 계약직 경험이 오히려 경쟁력이 되는 경우도 있다. 그러나 여전히 많은 업계에서는 계약직 경력 전체를 인정하지 않거나, 일부 기간만을 산정에 포함시키는 사례도 존재한다. 특히 단기간 근무였거나 직무 연관성이 낮은 경우는 '경험'으로만 간주되어 경력으로 환산되지 않는다.

정규직 전환형 계약직, 인정 여부는?

정규직 전환형 계약직이라면 이야기가 달라진다. 처음에는 계약직으로 시작했지만 일정 기간 후 정규직으로 전환된 경우, 기업 대부분은 계약직 기간도 포함해 전체 경력으로 인정한다. 이는 계약직으로 시작하더라도 채용 시부터 정규직 전환 가능성을 고려해 운영하는 경우가 많기 때문이다.

경력으로 잘 인정되지 않는 고용 형태들

정규직이나 계약직 외에도 인턴, 프리랜서, 아르바이트, 군 복무 등은 경력으로서의 평가 기준이 다소 모호하다.

1) 인턴

대부분의 기업은 인턴십을 '경험'으로 간주한다. 다만 인턴 후 정규직으로 이어졌거나, 해당 직무와의 연결성이 뚜렷한 경우 예외적으로 경력으로 인정된다.

2) 프리랜서

프로젝트 단위로 일한 프리랜서 경력은 성과 중심 산업에서는 인정받기도 하지만, 이를 명확히 입증할 수 있는 자료(성과 보고서, 계약서 등)가 없으면 신뢰도에서 떨어진다.

3) 대학생 재학 중 경력

재학 중 아르바이트나 단기 업무는 대부분 경력으로 인정되지 않는다. 졸업 후의 경력만을 공식적으로 계산하는 분위기가 여전히 강하다.

4) 군 복무

군 복무는 경력으로 직접 인정받는 경우는 드물다. 다만 병역특례, 기술병 등의 경우는 예외적으로 해당 분야에서 업무 연관성을 인정받는 경우가 있긴 하다.

기업 입장에서 계약직을 불리하게 보는 이유

많은 기업이 계약직 경력을 낮게 평가하는 이유는 '책임감과 지속성'에 대한 인식 때문이다. 정규직은 조직에 장기적으로 소속되어 있으며, 계약직은 특정 기간 동안 업무를 수행하고 종료되는 구조다. 이에 따라 계약직 근무자는 조직에 대한 헌신도나 장기적 기여도에서 낮은 점수를 받는 경우가 많다. 그러나 이러한 인식은 시대 흐름에 뒤처진 판단이 될 수 있다. 특히 디지털 기반 산업에서는 프로젝트 단위 업무가 보편화되고 있고 성과 중심의 계약직 고용이 늘어나고 있다.

정규직 중심 사회에서 벗어나야 할 때

계약직, 프리랜서, 인턴 등의 고용 형태는 더 이상 비주류가 아니다. 한 조사에 따르면, 2024년 기준 전체 취업자의 약 38%가 비정규직 근로자라고 한다. 이 중 많은 비율이 계약직이나 프로젝트성 직무에 종사하고 있는 것으로 나타났다. 그럼에도 불구하고 여전히 경력 산정에서 정규직 중심의 사고방식이 지배적인 현실이며 변화가 필요하다. 향후에는 하나의 회사에 오래 근무한 경력보다, 다양한 프로젝트에서의 성과와 기여도가 더 중요한 평가 기준이 될 가능성이 높다.

내 이력서를 보는 사람은 누구일까?

연차 중심에서 성과 중심으로

정규직과 계약직을 이분법적으로 나누고, 경력의 가치를 단순 연차로만 판단하는 시대는 저물어가고 있다. 채용 시장과 사회 전반의 인식 전환이 필요하다. 개인도 자신의 경력을 단순히 '몇 년 근무했는가'가 아니라, '무엇을 성취했는가'로 설명할 수 있어야 한다. 경력의 가치는 고용 형태가 아니라, 성과와 영향력으로 결정되어야 한다.

나에게 맞지 않는 포지션 제안,
원인은 무엇일까?

이직을 준비하며 겪게 되는 가장 큰 혼란 중 하나는, 나와 맞지 않는 포지션 제안이 연이어 들어올 때다. 마케팅을 원하는데 영업직 제안이 오고, IT 개발자인데 기획 업무를 추천받는 경우처럼 어긋난 연결이 반복된다. 문제는 제안이 왔다는 사실이 아니라, '왜 그 제안이 나에게 왔는가'다.

어쩌면 나만 몰랐던, 딱 맞는 이직 제안받는 비법
- 숨겨진 기회를 찾는 여정

구직과 이직의 문턱에서 우리는 종종 막막함을 느낀다. 수많은 채용 공고 속에서 진정으로 '나'를 위한 자리는 어디에 있을까? 혹시 엉뚱한 제안만 계속 들어온다면, 우리는 스스로에게 질문을 던져야 한다. '내 구직 활동, 정말 제대로 하고 있는 걸까?'

만약 꿈꿔왔던 직무, 혹은 연관된 매력적인 포지션 제안을 꾸준히 받고 있다면, 당신은 분명 성공적인 항해를 하고 있는지도 모른다. 하지만 현실은 이상과 다를 때가 많다. 전혀 관심 없는 분야의 제안만 반복된다면, 냉정하게 자신의 구직 전략을 점검해야 할 시점이다.

회사는 이미 이상적인 후보자를 그리고 검색한다

기업은 채용을 진행하기 전에, 필요한 직무에 적합한 인재의 기준을 세

밀하게 설정한다. 학력, 나이, 경력은 물론이고, 특정 업무 경험이나 성과, 조직 문화 적응력까지 고려하여 가상의 '이상적인 후보자' 프로필을 만든다. 그리고 이러한 기준에 부합하는 인물을 찾기 위한 본격적인 검색이 시작된다. 이때, 이력서에 명시된 직무 관련 키워드, 회사가 제시하는 필수 조건 등을 중심으로 데이터베이스를 탐색하는 것이 일반적인 방법이다. 경력 연차, 나이, 학력 등 수치화된 정보는 필터링 기능을 통해 쉽게 걸러낼 수 있지만, 실제 업무 경험의 깊이나 성과는 이력서 내용을 꼼꼼히 살펴보는 수밖에 없다.

맞지 않는 제안, 원인은 어디에 있을까?

헤드헌터나 인사 담당자가 아무 생각 없이 포지션을 제안하는 것 같지만, 모든 제안에는 나름의 이유가 있다. 이력서를 검토하거나 검색할 때 특정 키워드나 조건이 맞아 보였기 때문이다. 즉, 내가 올려둔 이력서나 구직 정보가 실제 원하는 포지션과 엇갈린 인상을 줄 수 있다는 이야기다.

잡코리아, 사람인, 원티드 등 포털에서 이력서 열람이나 제안 발송에는 비용이 발생한다. 누군가가 클릭하고 제안을 보내는 것만으로도 기업이나 서치펌은 금전적 비용을 지불하게 된다. 그럼에도 불구하고 맞지 않는 제안을 한다면, 그만큼 내 이력서가 모호하거나 판단이 어려웠을 가능성이 크다.

헤드헌터의 시간도 비용, 엉뚱한 제안은 손실을 의미한다

헤드헌터는 기업이 원하는 인재와 적합한 후보자를 연결하는 역할을 한다. 그들의 시간과 노력은 곧 비용으로 이어진다. 채용 사이트에 등록된 방대한 자료를 검색하고, 잠재적 후보자에게 연락을 취하고, 제안을 보내는 모든 과정은 단순한 클릭 몇 번으로 이루어지는 것이 아니다.

따라서 헤드헌터 입장에서, 회사에서 찾는 인재상과 거리가 먼 후보자에게 섣불리 연락하는 것은 시간 낭비, 에너지 낭비, 그리고 결국 비용 낭비로 귀결된다. 그럼에도 불구하고, 당신에게 계속해서 맞지 않는 포지션 제안이 온다면, 이는 당신의 구직 정보와 채용 공고 내용 사이의 상당한 간극이 존재한다는 명확한 신호일 수 있다.

문제는 이력서가 이 필터링 과정을 통과하지 못할 때 발생한다. 예를 들어, 무선 네트워크 개발자를 찾는 헤드헌터가 이력서를 봤는데, 지원자가 하드웨어인지 소프트웨어인지, 소비재 제품인지 산업용 부품인지 명확하지 않다면 결국 연락해 확인하는 방법 밖에는 없는 것이다. 구체성과 명확성이 부족한 이력서는 엉뚱한 제안으로 이어질 가능성이 매우 높다.

이력서는 구직자가 보내는 신호다

이직 제안을 정밀하게 받기 위해서는, 내가 원하는 바를 명확하게 드러낸 이력서가 가장 중요하다. 구체적인 단어, 업종, 아이템, 업무 범위를 명시하지 않으면 보는 입장에서는 헷갈릴 수밖에 없다.

예를 들어 화장품 개발 경력이라고 작성했다고 해도, 색조인지, 기초라인인지, 주 타깃이 여성인지, 10대인지 작성, 어필되지 않으면, 이 포지션에 맞는 사람인지 아닌지 판단하기 어렵다. 또 '제품 기획 및 출시 경험'이라고만 쓰면 그 제품이 무엇인지, 어떤 성과를 냈는지도 알 수 없다. '2022년, 10대 대상 색조 브랜드 ○○○의 틴트 제품 기획 및 출시 – 출시 6개월 내 3만 개 판매'와 같은 내용이 들어가야 제대로 된 포지션 제안이 가능하다.

이력서가 중요한 이유

구직이나 이직을 준비하며 가장 먼저 마주하는 질문은 아마도 '어떤 포지션을 원하는가?'일 것이다. 하지만 정작 헤드헌터나 채용 담당자에게서 받은 제안이 내 기대와 맞지 않는다면, 이력서부터 점검할 필요가 있다. 이력서는 단순한 문서가 아니라, 당신의 경력과 역량을 대표하는 첫인상이다. 명확하고 구체적인 이력서는 헤드헌터가 당신을 딱 맞는 포지션에 연결하는 데 결정적인 역할을 한다.

이력서, 당신의 '첫인상'이자 '능력 증명서'이다

회사가 원하는 업무 경험이나 구체적인 성과가 이력서에 명확하게 드러난다면, 당신은 이미 자신을 효과적으로 어필하고 있는 것이다. 마치 잘 정리된 상품 카탈로그처럼 당신의 강점이 한눈에 들어오도록 작성했다면, 채용 담당자의 눈길을 사로잡을 가능성이 매우 높다. 하지만, 비슷한 업무를 수행한 경험은 있는 것 같은데, 그 내용이 모호하거나 핵심을 파악하기 어렵다면, 당신의 이력서는 수많은 서류 더미 속에서 길을 잃을 수 있다. 이는 곧 '등록을 잘못했다'는 냉정한 평가로 이어질 수 있다.

경력보다 중요한 건 '맥락'이다

현직자 대상의 채용이 많아지는 만큼, 이제는 단순한 직무 경험보다 업무의 성과와 맥락을 서술하는 것이 더 중요해졌다. 어떤 기술을 사용했는가보다, 그 기술로 어떤 문제를 해결했고, 어떤 성과를 냈는지가 포지션 매칭의 핵심이다. 예를 들어 무선통신 관련 개발자라고 해도, 소비재 완제품을 다뤘는지, 산업용 장비를 개발했는지에 따라 전혀 다른 포지션이 될 수 있다. 그럼에도 불구하고 '무선 모듈 개발 경험'이라고만 적으면, 하드웨어인지 소프트웨어인지조차 판단하기 어렵다.

경험을 넘어 '성과'를 이야기해야 한다

이제 단순히 어떤 업무를 '했다'는 사실만으로는 부족하다. 기업은 당신이 그 업무를 통해 '어떤 결과'를 만들어냈고, '어떤 성과'를 창출했는지 궁금해한다. 따라서 이력서에는 담당했던 업무의 세부 내용뿐만 아니라, 자신의 역할과 기여도로 인해 발생한 구체적인 결과와 기대 효과를 명확하게 제시해야 한다.

예를 들어, 특정 제품의 기획 및 개발에 참여하여 매출을 얼마나 상승시켰는지, 판매량은 얼마나 늘었는지, 주요 판매 채널은 어디였는지(온라인, 오프라인), 해외 시장 판매 경험은 있는지 등의 구체적인 성과를 수치화하여 제시하는 것이 효과적이다. 이러한 성과 기술은 당신이 단순한 업무 수행자가 아닌, 실질적인 변화와 성장을 이끌어낸 경험 있는 인재임을 증명하는 강력한 무기가 된다.

가독성과 구조의 힘

구체적인 내용만큼 중요한 것이 가독성이다. 채용 담당자는 하루에 수십, 수백 개의 이력서를 검토한다. 복잡하거나 장황한 이력서는 쉽게 외면받는다. 아래는 가독성을 높이는 간단한 팁들이다.

- **간결한 문장** : '5G 네트워크 최적화로 데이터 전송 속도 30% 개선'처럼 짧고 강렬하게
- **구조화된 레이아웃** : 경력, 학력, 기술 스택을 섹션으로 나누고, 글머리 기호를 활용하자
- **키워드 강조** : 직무 관련 키워드를 굵은 글씨로 표시해 시선을 끌자
- **최신화** : 최신 프로젝트나 기술(ex: 2024년 AI 기반 데이터 분석 도입)을 반영하자

핵심 성과를 단답형으로 정리하면 채용 담당자가 빠르게 이해할 수 있다.

상세한 정보가 좋은 제안을 부른다

최근 한 조사에 따르면, 구직자 10명 중 7명은 '자신과 맞지 않는 채용 제

안을 받은 경험이 있다'고 응답했다고 한다. 그만큼 많은 이들이 포지션 제안의 정확성 문제를 겪고 있다는 뜻이다. 그러나 이 문제는 단순히 제안자의 책임만은 아니다. 내가 보낸 신호가 모호했다면, 돌아오는 결과도 당연히 불분명할 수밖에 없다.

따라서 이력서에 반드시 들어가야 하는 내용은 아래와 같다.
- 담당 제품, 브랜드명
- 구체적인 직무 내용
- 성과 지표 : 판매 수치, 매출 기여, 기획안 통과율 등
- 판매 채널, 국가, 타깃 고객 정보
- 기술 스택, 프로젝트 범위

이력서, 얼마나 구체적이어야 할까?

이력서 작성의 핵심은 세부 사항에 있다. 단순히 '화장품 개발 업무'라고 쓰는 대신, 어떤 브랜드에서 어떤 제품(ex: 10대 대상 색조 메이크업)을 개발했는지, 어떤 역할을 맡았는지 명확히 드러내야 한다. 예를 들어, 화장품 개발자는 기초 스킨케어와 색조 메이크업, 마케팅 기획과 R&D가 전혀 다른 직무로 분류된다. 이런 세부 사항이 빠지면, 헤드헌터는 당신이 원하는 포지션에 적합한지 판단하기 어렵다.

구체적인 작성은 키워드 활용과도 연결된다. 채용 담당자는 직무 관련 키워드(ex: 5G 네트워크, 스킨케어 R&D, 매출 20% 증가)를 검색해 후보자를 찾는다. 따라서 업계 용어와 직무 관련 단어를 이력서에 자연스럽게 녹여내자. 예를 들어, 무선 네트워크 개발자라면 '5G 프로토콜 최적화'나 'IoT 장치 통합' 같은 표현을 사용하면 검색 필터를 통과할 가능성이 높아진다.

화장품 개발자, 스킨케어와 색조는 완전히 다른 분야이다

또 다른 예를 들어보자. '화장품 개발자'라는 큰 범주 안에는 마케팅, 상품 기획과 관련된 개발 업무와 실제 제품 연구 개발을 담당하는 R&D 개발이 존재한다. 또한 개발하는 제품의 종류도 기초 스킨케어, 색조 메이크업, 남성용, 여성용, 특정 연령대 타겟 등 매우 다양하게 나뉜다.

만약 기업에서 10대가 선호하는 색조 제품 개발 경험이 있는 화장품 개발자를 찾고 있지만, 당신의 이력서에 단순히 '화장품 개발 업무' 경험만 기재되어 있다면, 당신이 어떤 브랜드의 어떤 제품을 개발했는지, 어떤 아이템을 주로 다루었는지 알 수 없다. 따라서 자신이 담당했던 브랜드, 주요 제품 라인, 개발 경험이 있는 구체적인 아이템 등을 상세하게 작성하는 것이, 기업이 원하는 '바로 그 사람'임을 어필하는 효과적인 방법이다.

성과로 차별화하기

채용 시장에서는 단순히 '무엇을 했는지'보다 '어떤 결과를 냈는지'가 더 중요하다. 예를 들어, 제품 기획자라면 '신제품 출시로 연매출 5억 원 증가' 같은 수치적 성과를 강조하자. 숫자는 직관적이고 강렬한 인상을 남긴다. 만약 수치로 표현하기 어렵다면, 프로젝트의 영향력을 구체적으로 설명해도 좋다. 예를 들어, '신규 마케팅 캠페인 설계로 브랜드 인지도 20% 향상' 같은 문장은 당신의 기여도를 명확히 보여준다.

정확히 써야, 정확히 연결된다

요즘 채용 시장은 능동적인 인재 탐색(Passive Candidate Search)이 늘고 있다. 능력 있는 사람이 직접 지원하지 않아도, 잘 구성된 이력서 하나로 좋은 기회를 얻을 수 있는 시대다. 다만, 그 기회는 '제대로 된 신호'를 보내는 사람에게만 주어진다. 좋은 제안을 받고 싶다면, 헤드헌터의 역량만 탓할 일이 아니다. 내가 던지는 메시지가 명확한지, 내가 원하는 커리어

내 이력서를 보는 사람은 누구일까?

가 문서에 드러나 있는지, 지금이라도 한번 점검해봐야 한다.

헤드헌터와의 커뮤니케이션

이력서만으로 모든 것을 해결할 수는 없다. 헤드헌터와의 소통도 중요하다. 제안받은 포지션이 맞지 않더라도, 정중히 거절하며 원하는 직무를 구체적으로 전달하자. 예를 들어, "감사하지만, 저는 색조 메이크업 R&D에 더 관심이 있습니다."라고 답하면, 헤드헌터가 다음 제안을 조정할 가능성이 높아진다. 또한, 링크드인 같은 플랫폼에서 프로필을 최적화하자. 직무 키워드와 최신 경력을 반영하면, 헤드헌터가 당신을 더 쉽게 찾는다.

나를 제대로 알리는 것이, 최고의 제안을 받는 첫걸음이다

결국 이력서와 구직 등록은 당신이라는 상품을 시장에 선보이는 중요한 과정이다. 너무 간략하거나 추상적인 정보만으로는, 당신의 진정한 가치를 제대로 알리기가 어렵다(특수한 자격증을 가진 경우가 아니라면 더욱 그렇다). 마치 대충 그린 약도만으로는 목적지를 찾기 어려운 것처럼, 부실한 정보는 당신에게 맞는 최고의 기회를 놓치게 만들 수 있다. 자신을 가장 잘 나타낼 수 있는 상세하고 명확한 정보를 제공하는 것, 그것이 바로 당신에게 딱 맞는 포지션 제안을 받는 가장 확실한 방법임을 기억해야 한다.

싸고 좋은 인재는 없다
연봉과 실력의 불편한 진실

회사에서 채용할 때, '싸고 좋은 인재'를 찾고 싶어 하지만, 그 말 자체가 모순일 수도 있다. 정말로 뛰어난 인재를 원한다면, 그에 상응하는 대가를 지불해야 한다.

연봉이란 단어에는 실력, 경험, 커리어, 그리고 시장에서의 수요와 공급까지 여러 요소가 얽혀 있다. 물론 연봉만으로 사람의 가치를 판단할 수는 없다. 하지만 채용 시장에서는 연봉이 곧 기대 성과를 의미하는 일종의 '가격표' 역할을 한다. 높은 연봉을 받는 사람에게는 그만큼의 실적과 책임이 따르며, 낮은 연봉은 아직 입증되지 않은 가능성 혹은 제한된 책임을 전제로 한다.

대부분의 이직자들이 본인 연봉이 매우 낮다고 생각을 하지만, 객관적인 평가가 필요하다. 회사 임금 체계로 채용 시장의 가치보다 더 높은 연봉을 받은 사람도 매우 많다. 모든 FA 선수가 고액의 연봉을 받은 것이 아니며, 대부분은 더 낮은 리그로 가거나, 이적, 계약을 못 하고 은퇴하는 경우가 훨씬 더 많다.

기업도 마찬가지이다. 좋은 인재를 영입하고 싶다면 그에 상응하는 대우를 제시해야 한다. 회사 연봉테이블, 타 직원들과의 형평성 문제 등 어려움이 있겠지만, 사이닝보너스, 근무 조건 등 다양한 방법으로 대우를 해주는 것이 바람직하다.

연봉 싼 직원만 찾는 회사?

정말 가성비 있는 선택일까?

일부 기업은 채용 시 연봉이 낮은 직원만을 고집한다. 단기적으로는 인건비 절감 효과가 있지만, 장기적으로는 조직의 경쟁력과 성장 가능성을 저해할 수 있다. 동일한 능력의 후보자 중 연봉이 낮은 인재를 선택하는 것은 합리적일 수 있으나, 더 뛰어난 역량을 가진 인재를 몇백만 원 차이로 놓친다면 이는 오히려 큰 기회 손실이 된다.

낮은 연봉은 직원의 만족도와 충성도에 영향을 미치며 우수 인재의 이직률을 높인다. 실제로 많은 직원들이 연봉 불만을 이유로 이직을 고려하고 있으며, 반복적인 인력 교체는 기업의 맨파워 약화로 이어진다. 조직은 점점 경력이 낮은 직원들로 구성되고 이는 성과 저하로 직결된다.

우수 인재 영입은 단순한 비용이 아니라 미래를 위한 투자다. 뛰어난 인재는 업무 방식과 조직 문화를 개선하며 내부 시스템 혁신을 이끈다. 컨설팅보다 효과적인 변화는 바로 이런 인재를 통해 가능하다.

결국 회사의 경쟁력은 '사람'에게서 나온다. 눈앞의 인건비 절감이 아닌, 우수 인재 확보와 육성에 투자하는 것이야말로 장기적인 성장의 열쇠다.

3장

이력서 가이드

내 이력서를 보는 사람은 누구일까?

그걸 누가, 어떻게 보고, 어떤 기준으로

판단하는지 생각해본 적 있는가?

이 장에서는 이력서를 매력적으로 만드는 법과,

실수하지 않기 위한 핵심 포인트를 살펴본다.

이력서는 단순한 문서가 아니라,

당신을 대신 보여주는 얼굴이다.

그런데

그걸 누가, 어떻게 보고, 어떤 기준으로

판단하는지 생각해본 적 있는가?

이 장에서는 이력서를 매력적으로 만드는 법과,

실수하지 않기 위한 핵심 포인트를 살펴본다.

1

내 이력서를
보는 사람은 누구일까?

내 이력서 과연 누가 보고 평가하는 것일까?

이직을 준비하면서 늘 마음속에 남는 질문이 있었다.

'지금 내 이력서를 보고 있는 사람은 누구일까?'

이력서를 작성할 때면 늘 조심스러워진다. 이 문장을 어떻게 써야 더 좋을까? 이 단어는 과연 전달이 될까? 그러나 방향을 잃은 채 아무리 단어를 고쳐도, '누구에게' 보여지는지를 모르면 중심을 잡기 어렵다. 내가 만든 이력서는 나를 설명하는 설명서이고, 결국 누군가를 설득하기 위한 글이다. 나를 모르는 사람에게 나를 소개하는 가장 핵심적인 수단이기도 하다. 그 사람이 어떤 사람인지, 어떤 기준으로 이력서를 보는지를 이해하면, 이력서를 어떻게 구성해야 할지도 훨씬 명확해진다.

채용 과정에서 이력서가 흘러가는 경로

이력서는 한 번에 해당 부서 결정권자에게 전달되지 않는다. 보통 다음의 순서로 검토된다.

1) 헤드헌터 또는 채용 담당자

2) 기업의 인사팀(장)

3) 현업 부서장 또는 실무자

우선, 헤드헌터는 잡코리아, 사람인, 링크드인 등에서 키워드 검색을 통해 이력서를 본다. 이때 단순히 '경험이 있다'는 말로는 부족하다. 최근 채용 시장은 단순 경험이 아니라 성과를 중시하는 흐름이 뚜렷하다. 헤드헌터는 JD(Job Description)와 이력서가 얼마나 맞는지를 본다. 업무 내용뿐 아니라, 프로젝트의 결과, 수치화된 성과 등이 함께 있어야 좋은 반응을 얻을 수 있다.

그 다음 이력서는 인사 담당자에게 전달된다. 인사팀은 해당 업무 전문가가 아니기 때문에 JD와 이력서를 대조하면서 1차 필터링을 한다. 예를 들어 '4년제 대졸 이상'이 조건이라면, 학력이 이를 충족하는지를 우선 확인한다. 그 외에도 이력서에서 드러나는 경력의 흐름, 직무의 일관성, 공백기 등의 요소를 살펴보게 된다.

이후 최종적으로 현업 부서로 이력서가 넘어가게 된다. 비로소 '전문가의 눈'으로 이력서가 읽히는 것이다. 이때는 직무에서 실제로 다뤄본 기술, 도구, 문제 해결 경험 등이 진가를 발휘하게 된다.

누가 읽어도 이해되는 이력서를 쓰자

여기서 중요한 포인트가 하나 있다. 인사팀은 현업의 전문 용어에 익숙하지 않다. 따라서, 현업 부서에서 쓰는 약어나 은어, 특정 기술 용어만 나열하면, 그 의미를 제대로 전달하지 못한 채 필터링에서 탈락할 수 있다. 예를 들어, 인사 담당자는 'CI/CD 파이프라인 개선을 통한 배포 자동화'가 구체적으로 어떤 의미인지 모를 수 있다. 만약 그 내용이 중요한 포인트라면, 간략히나마 결과나 의미를 덧붙이는 것이 좋다.

예를 들어 이렇게 표현할 수 있다.
'CI/CD 파이프라인 개선(배포 자동화) → 배포 시간 40% 단축'
초등학생도 알아들을 수 있도록 쓰라는 말은, 결코 독자를 낮게 보는 표현이 아니다. 인사팀, 헤드헌터, 현업부서 어느 누구라도 쉽게 이해할 수 있도록 작성하라는 의미이다.

이력서는 전략서다

한 잡포털 사이트의 조사에 따르면, 채용 담당자가 이력서를 처음 검토하는 시간은 평균 10분에 불과하다고 한다. 그 짧은 시간 안에 '이 사람은 우리 포지션과 맞다'는 느낌을 줘야 한다는 뜻이다. 따라서 이력서는 단순한 경력 나열이 아닌, 전략적인 문서여야 한다. 내 강점이 무엇인지, 내가 이 포지션에서 어떤 가치를 줄 수 있는지 명확히 드러나야 한다. JD의 키워드를 그대로 활용하는 것도 좋은 방법이다. 예를 들어, JD에서 '팀 리딩'이라는 단어가 있다면, 내 이력서에도 '팀 리딩 경험'이라는 표현이 등장해야 한다. 이처럼 단어 하나, 문장 하나가 보는 사람의 이해와 판단에 직접적인 영향을 미친다.

끝까지 읽히는 이력서를 쓰자

이력서는 첫 문장부터 끝 문단까지 읽히기 어렵다. 특히나 많은 지원자 중 한 명이라면 더더욱 그렇다. 그럼에도 불구하고, 내 이력서가 선택받기를 바란다면 누가, 왜, 무엇을 기대하며 이력서를 읽는지를 끊임없이 고민해야 한다. 이력서란, 내가 어떤 사람인지 소개하는 동시에, 내가 앞으로 어떤 기여를 할 수 있는지를 설득하는 글이다. 그리고 그 설득의 대상은 언제나 '사람'이다. 익명의 채용 담당자도, 바쁜 현업부서장도, 결국은 사람이다. 그 사람이 이해할 수 있는 언어로, 그 사람이 공감할 수 있는 흐름으로, 나를 소개해야 한다.

이력서 작성이 점점 어렵게 느껴진다면, 이 질문을 꼭 다시 떠올려야 한다. "지금, 내 이력서를 읽고 있는 사람은 누구일까?"

경력은 단답형으로,
자기소개서는 서술형으로 작성해라

이력서는 '글로 만든 얼굴'이다

헤드헌터로 일하다 보면 하루에도 수십 장의 이력서를 마주하게 된다. 그럴 때마다 드는 생각은 '가장 좋은 이력서란 어떤 것일까?'라는 질문이다. 당신의 소중한 경력과 경험을 보는 이로 하여금 한눈에 명확하게 파악할 수 있도록 구성되어야 하는데, 핵심은 바로 가독성이다. 글자의 크기, 간격, 배열, 글꼴 등 시각적인 요소들도 중요하지만, 그보다 우선시되어야 할 것은 담고 있는 내용의 의미와 전달력이다. 아무리 화려한 폰트와 레이아웃으로 장식된 이력서라 할지라도, 해당 직무와 관련 없는 내용으로 채워져 있다면 읽는 이에게는 그저 스쳐 지나가는 종잇조각에 불과할 것이다. 이력서란 결국 내가 누구인지, 어떤 일을 해왔는지를 가장 효과적으로 보여주는 글로 만든 자기설명서이다. 화려한 디자인도, 감정을 담은 설명도 중요할 수 있지만, 기본은 '한눈에 잘 보이는 정보 전달력'이다.

이력서는 단어로만 승부를 본다

이력서를 구성하는 대부분은 글자다. 가끔 포트폴리오나 기타 자료가 첨부되긴 하지만, 기본적으로 이력서는 단어 조합만으로 나를 설명하는 수단이다. 그렇기 때문에 글씨의 크기, 폰트, 줄간격 같은 시각적 요소는 물론이고 문장의 길이, 구성 방식, 표현의 명확함이 모두 어필의 도구가 된다.

내 이력서를 보는 사람은 누구일까?

그럼에도 불구하고 가장 중요한 건 내용이다. 아무리 디자인이 깔끔해도, 지원하는 포지션과 무관한 내용이 가득하다면 아무 소용이 없다. 핵심은 얼마나 쉽게, 얼마나 명확하게 나의 경력과 경험을 보여줄 수 있느냐에 달려 있다.

이력서의 첫 번째 목표, 한눈에 들어오게

이력서는 나의 경력을 단 몇 초 안에 전달해야 한다. 채용 담당자는 매우 짧은 시간에 이력서를 훑어본다. 이 짧은 시간 안에 나의 강점을 어필하려면 가독성이 핵심이다. 화려한 디자인이나 독특한 글꼴도 눈길을 끌 수 있지만, 정작 내용이 포지션과 맞지 않거나 읽기 어렵다면 무용지물이다.

가독성을 높이는 첫걸음은 간결함이다. 복잡한 문장이나 장황한 설명은 피로감을 준다. 예를 들어, 한 지원자가 "다양한 프로젝트를 통해 팀워크와 리더십을 발휘하며 성과를 도출했다."고 장황하게 썼다면, 채용 담당자는 구체적인 업적이 무엇인지 바로 파악하기 어렵다. 반면, "3개 프로젝트를 주도하며 매출 15% 성장에 기여했다."는 문장은 직관적이고 강렬하다. 이런 식으로 핵심 성과를 숫자와 함께 명확히 전달하는 게 중요하다.

또, 이력서는 현업 부서뿐 아니라 인사팀, 유관 부서에서도 검토된다. 특정 업계의 은어나 약어를 남발하면 이해가 어려워질 수 있다. 한 IT 지원자는 이력서에 'CI/CD 파이프라인 최적화' 같은 용어를 그대로 썼지만, 인사 담당자는 그 의미를 몰라 서류를 탈락시킬 수도 있는 것이다(현업부서에서 봤다면 전혀 이상하지 않았지만…). 대신 '소프트웨어 배포 프로세스를 개선해 배포 시간을 30% 단축했다(CI/CD 파이프라인 최적화)'고 풀어 썼다면 어땠을까? 학생이 읽어도 이해할 수 있는 쉬운 표현이 가독성을 높인다.

경력 기술, 단답형의 힘

경력 기술은 이력서의 심장이다. 이 부분에서 가장 중요한 건 간결하고 직관적인 전달이다. 채용 담당자는 지원자의 성과와 역량을 빠르게 파악하고 싶어한다. 이를 위해 단답형 스타일이 효과적이다. 긴 문장으로 소설처럼 쓰면 읽는 이의 피로도가 쌓이고, 핵심이 흐려진다.

예를 들어, 한 지원자가 경력을 이렇게 썼다고 해보자. "마케팅 부서에서 3년간 근무하며 다양한 캠페인을 기획하고 실행함으로써 팀의 목표 달성에 기여했다." 이 문장은 나쁘지 않지만, 임팩트가 약하다. 대신 이렇게 바꿀 수 있다. "3년간 마케팅 캠페인 10건 기획, 평균 ROI 20% 달성." 이 문장은 짧고, 수치 중심이며, 성과가 한눈에 들어온다.

수치와 팩트를 활용하는 것도 중요하다. 채용 담당자는 구체적인 성과를 포함한 이력서를 선호한다. "고객 만족도를 높였다." 대신 "고객 만족도 설문 점수를 85점에서 92점으로 개선했다."고 쓰면 신뢰도가 높아진다. 경력은 짧고 강렬하게, 단답형으로 정리하는 게 핵심이다. 중요한 건 간결함과 직관성이다. 보는 사람이 바로 이해하고, 기억하게 만드는 것이 핵심이다. 문장이 길어지고 장황해질수록 피로도는 높아지고 핵심은 흐려진다는 것을 명심해야 한다.

예를 들어,
'B2B 영업 채널 신규 개척 및 30% 매출 증가 달성'
'신규 거래처 12개 발굴, 기존 고객 유지율 90% 이상 유지'
이런 식으로 성과 중심, 수치 중심의 팩트 위주 정보가 눈에 잘 들어온다. 복잡한 설명보다 인상 깊은 단문이 더 강한 인상을 남긴다.

또한, 이력서는 현업 외 인사팀이나 유관 부서에서 보는 경우도 많기 때문에 앞에서 언급한 것처럼, 은어, 약어, 내부 용어는 지양해야 한다. 누구나 쉽게 읽고 이해할 수 있도록 풀어서 작성하되, 최대한 간결하게 핵심적으로 작성하는 것이 중요하다.

내 이력서를 보는 사람은 누구일까?

자기소개서는 감정과 스토리를 담는 서술형

반대로 자기소개서는 단답형으로 작성하면 어색해진다. 경력의 뼈대를 감성적으로 풀어내는 스토리 공간이기 때문이다. 단순히 '어떤 일을 했다'로 끝나는 게 아니라, 그 경험 속에서 무엇을 느끼고, 배웠고, 어떻게 성장했는지를 써야 한다.

예를 들어,

"3개월간 거래처 CS 업무를 전담하면서, 고객의 언어로 소통하는 법을 배웠다. 특히 가장 까다로운 고객을 설득해 장기 계약으로 연결시켰을 때, 단순한 업무를 넘어 '사람과 관계 맺는 일'이라는 걸 느꼈다."

이런 서술형 문장은 공감과 신뢰를 유도하고, 사람의 온기를 담는다. 경력이 이성과 논리의 영역이라면, 자기소개서는 감정과 가치의 영역이다. 기승전결이 분명한 흐름과 진정성 있는 문장이 중요하다.

이력서가 팩트와 숫자로 나를 증명한다면, 자기소개서는 나의 감성과 성장 스토리를 보여주는 무대다. 이곳에서는 단답형이 아니라 서술형으로, 기승전결을 갖춘 이야기를 풀어내야 한다. 자기소개서는 내가 어떤 경험을 통해 무엇을 느끼고, 어떻게 성장했는지를 보여주는 공간이다.

예를 들어, 한 지원자가 경력 기술에 '신규 서비스 런칭 프로젝트를 주도해 매출 10억 원 달성'이라고 썼다면, 자기소개서에서는 그 뒤의 이야기를 풀어낼 수 있다. "프로젝트 초기에 팀원 간 의견 충돌로 어려움을 겪었지만, 주 1회 워크숍을 제안해 협업을 강화했다. 그 과정에서 리더십의 중요성을 배웠고, 결국 서비스를 성공적으로 런칭하며 팀의 신뢰를 얻었다." 이런 이야기는 단순한 성과를 넘어 지원자의 인간적인 면모와 성장 과정을 보여준다.

자기소개서를 쓸 때는 감정과 학습을 중심으로 쓰되, 너무 장황하지 않게 조절하는 게 중요하다. 어린 시절부터 성장 과정 등을 작성하는 시대는 지났다. JD 업무와 가장 적합한 업무 경험을 성과 중심으로 어떤 방식으로 진행했는지, 어떤 경험과 성장, 학습을 했는지 풀어서 설명하는 것으로 충분하다. 자기소개서 내용을 보고도 업무 적합성을 느낄 수 있도록 작성하는 것이 중요하며, A4 1~2장 내외 분량이 충분하다(10장 넘게 쓰는 분들이 있는데, 다 읽어 보기도 힘들다).

각각의 목적에 맞는 형식이 있다

간혹 경력을 서술형으로, 자기소개서를 단답형으로 작성하는 사람들을 보게 된다. 본인의 경험이라 익숙해서일 수도 있지만, 읽는 사람 입장에서는 전달력이 떨어진다. 경력에서 긴 문장으로 감정을 풀어내는 건 정보 전달에 방해가 되고, 자기소개서를 단답형 성과 나열로 마무리하면 감정이 배제되어 차가운 인상을 줄 수 있다. 글은 쓰는 목적에 따라 방식이 달라야 한다. 경력은 직관적이고 성과 중심적인 단답형으로, 자기소개서는 경험을 해석하고 감정을 나누는 서술형으로 써야 한다. 이 두 가지를 구분해서 작성할 줄 아는 사람이 결국 서류에서 돋보이게 된다.

작은 디테일로 완성하는 이력서

작성법 외에도 몇 가지 디테일이 이력서의 완성도를 높인다.

첫째, 시각적 가독성이다. 글꼴은 맑은 고딕이나 나눔고딕처럼 깔끔한 것을 사용하고, 글자 크기는 10~11pt로 통일한다(9pt 이하 사이즈는 잘 보이지도 않는다). 항목 간 여백을 적절히 두면 읽기 편하다. 대부분의 채용 담당자는 깔끔한 레이아웃의 이력서를 선호한다.

내 이력서를 보는 사람은 누구일까?

둘째, 포지션 맞춤이다. 모든 포지션에 똑같은 이력서를 내는 건 효과적이지 않다. 지원하는 직무의 핵심 역량을 분석해 그에 맞는 경력과 성과를 강조하자. 또한, 채용 공고의 JD 내용 중심으로 작성 어필이 되어야 한다. 최대한 관련 업무 경험이 독보이도록 작성 어필하는 것이 바람직하지, 공통된 양식으로 다양하게 이력서를 뿌리는 건 좋은 방법이 아니다.

셋째, 오타와 문법 점검이다. 사소한 오타 하나가 신뢰를 떨어뜨릴 수 있다. 작성 후 최소 두 번 이상 검토하거나, 주변에 피드백을 요청하자. 특히, 예전 지원 회사명이 남아 있는 경우는 아주 치명적인 실수이다.

글 하나로도 충분히 어필할 수 있다

모든 지원자는 자신만의 경험과 성과를 갖고 있다. 다만 그걸 어떻게 보여주느냐에 따라 평가가 갈린다. 같은 내용도 형식이 다르면 인상이 달라지고 전달력도 달라진다. 좋은 이력서란 무조건 화려한 스펙이 있는 서류가 아니다. 내가 어떤 사람인지, 어떤 경험을 했는지를 정확하게 읽히게 만든 서류가 바로 좋은 이력서다.

3

개인 사유로 퇴직 사유를
적어도 괜찮을까?

퇴직 사유, 꼭 구체적으로 적어야 할까?

이력서를 작성할 때 가장 고민되는 항목 중 하나가 바로 퇴직 사유이다. 회사별로 상세 경력을 기입하는 란에 퇴직 이유까지 써야 할 때, 막상 어떤 문장을 적어야 할지 망설이게 된다. 많은 사람들이 '개인 사유'라는 말로 무난하게 넘기지만, 과연 이 표현이 최선일까?

왜 퇴직 사유를 궁금해하는 걸까?

기업이 퇴직 사유를 궁금해하는 이유는 단순히 호기심이 아니다. 이는 지원자의 가치관, 직장생활에서 중요하게 여기는 요소, 커리어를 바라보는 시각 등을 확인하는 간접 질문이다.

1) **경력 개발, 업무 확장을 이유로 들면** : 주도적인 커리어 관리와 도전적인 성향으로 해석된다.

2) **급여, 보상 개선을 이유로 들면** : 성과 중심적이고 인정 욕구가 강한 성향으로 평가된다.

3) **불가피한 조직 변화나 회사 상황을 이유로 들면** : 현실적인 판단과 유연한 커리어 적응력이 있다고 볼 수 있다.

내 이력서를 보는 사람은 누구일까?

하지만 '개인 사유'라는 표현만 덩그러니 적혀 있다면, 그 이유가 무엇인지, 지원자는 무엇을 중요하게 여기는 사람인지 파악하기 어려워진다. 이는 오히려 불필요한 오해나 상상을 유발하게 된다.

'개인 사유'는 오히려 상상력을 자극한다

이력서는 읽는 사람을 위한 글이다. 지원자의 업무 이력뿐 아니라, 성장 배경과 경력 흐름이 자연스럽게 연결되도록 작성되어야 한다. 그런데 중간에 '개인 사유'라는 빈칸이 생기면, 읽는 입장에서는 당연히 물음표가 생긴다.

"왜 이 회사를 그만뒀을까?"
"혹시 문제를 일으켰던 건 아닐까?"

의도하지 않은 불신이 쌓이고, 이는 좋은 평가를 받는 데 장애가 된다. 이력서를 통해 긍정적인 인상을 남기고 싶다면, 감추기보다는 풀어서 설명하는 자세가 필요하다.

민감한 퇴직 사유, 어떻게 풀어야 할까?

물론 모든 퇴직 사유를 낱낱이 밝힐 필요는 없다. 하지만 이해 가능한 맥락을 설명하는 것만으로도 충분하다. 아래는 민감한 퇴직 사유를 구체적이면서도 부드럽게 표현하는 예시들이다.

1) 급여 지연 문제
→ "회사의 경영 상황 악화로 급여가 수차례 지연되었고, 장기적으로 안정적인 커리어 관리를 위해 퇴직하게 되었다."

2) 직장 내 괴롭힘, 성희롱

→ "업무 외적인 이유로 조직 내 불편한 상황이 반복되어 더 이상 업무 집중이 어려웠다."

3) 과도한 업무량, 인력 부족

→ "업무 강도에 비해 인력 보강이 지속되지 않아, 업무 효율성과 개인의 커리어, 건강을 고려해 이직을 결정했다."

이처럼 상황을 객관적으로 설명하면, 오히려 회사 입장에서는 지원자를 이해하고 공감할 수 있다.

'솔직함'과 '구체성'은 신뢰를 만든다

한 조사에 따르면, 퇴직자의 주요 이직 사유 중 1순위는 조직 문화, 상사와의 갈등, 회사 방향성과의 불일치였다. 이는 단순히 개인의 문제가 아니라, 모든 직장인이 겪을 수 있는 보편적인 문제다. 그렇기 때문에 지나치게 감추기보다는 상황을 부드럽게 설명하고, 그에 따른 본인의 판단과 행동을 솔직하게 공유하는 것이 오히려 신뢰를 얻을 수 있는 방법이다.

이력서는 '사실'을 '이해'로 풀어내는 글이어야 한다

모든 퇴직 사유는 결국 개인적인 사정에서 비롯된다. 그러나 회사는 그 개인의 판단과 기준이 어떤 사고방식과 성향에서 출발했는지 알고 싶어한다. 단순한 이직이라도 어떤 배경에서 어떤 결정을 내렸는지를 이야기할 수 있다면, 그것은 퇴직이 아니라 또 다른 성장의 이야기가 된다. 이력서는 단순히 이력의 나열이 아닌, 나라는 사람의 흐름과 이야기를 전달하는 글이다. 마치 한 편의 에세이처럼, 물 흐르듯 읽히도록 구성된 이력서는 면접 이전에 이미 신뢰를 쌓는 중요한 시작이 된다.

내 이력서를 보는 사람은 누구일까?

아르바이트 경력을
이력서에 써도 되는가?

이력서에 쓸 수 있는 경험의 기준

잡포털에 올라온 이력서를 보다 보면 종종 헷갈릴 때가 있다. 분명 정규직 근무 경력이라고 생각했는데, 자세히 보면 아르바이트나 인턴 경험을 경력으로 기재한 경우가 많다. 이럴 땐 '이건 경력으로 인정할 수 있을까?'라는 고민이 시작된다.

경력과 경험, 정말 다른 개념이다

이력서를 작성하다 보면, 어떤 활동이 경력인지, 어떤 것이 경험인지 헷갈릴 때가 있다. 아르바이트나 인턴은 과연 경력으로 인정받을까? 경력과 경험을 명확히 구분하는 건 단순한 용어 문제가 아니라, 적합한 포지션을 찾고 채용 가능성을 높이는 중요한 첫걸음이다.

구직자 입장에서는 이력서를 조금이라도 더 풍성하게 보이게 하고 싶은 마음이 클 것이다. 하지만 경력이란 말 속에는 통상적으로 정규직 근무 이력이 포함된다는 점을 잊지 말아야 한다. 계약직, 프리랜서, 아르바이트, 인턴도 엄연히 일은 하지만, 채용 시장에서는 대체로 경험으로 분류되는 게 현실이다. 특히 잡코리아나 사람인 같은 플랫폼에서는 경력 연차로 필터링된 검색 결과에 따라 이직 제안이 가기도 하는데, 여기에 인턴이나 아르바이트까지 포함하면 실제보다 높은 경력 연차로 분류돼 부정확한 제안이 갈 수 있다. 결국 불필요한 제안을 받거나, 실제로는 지원 대상이 아닌 포지션에 연결되는 비효율이 생긴다.

경력은 정규직 근무 기간이고, 경험은 활동 기간이다

일반적으로 경력은 정규직 근무 기간을 의미한다. 회사에서 정식 채용되어 일한 시간이 경력으로 계산된다. 반면, 아르바이트, 인턴, 계약직, 대학 시절 조교 같은 활동은 경험으로 분류된다. 예를 들어, 2년 정규직 근무는 경력으로 인정되지만, 3년 아르바이트는 경력에 포함되지 않는 경우가 대부분이다. 이 구분은 회사마다 다소 차이가 있다. 일반적으로, 인턴 후 같은 회사에서 정규직으로 전환된 기간이라면 경력으로 인정받을 수 있지만, 다른 회사로 이직을 했거나, 인턴 경력 기간만 있다면 일반 경력 기간으로 인정받기는 어렵다.

아르바이트, 경험으로서의 가치

아르바이트는 경력으로 인정받기 어렵지만, 직무 연관성이 있다면 평가에서 플러스 요인이 될 수 있다. 예를 들어, 편의점 본사에서 매장 운영 포지션을 뽑을 때, 편의점 아르바이트 경험이 있는 지원자는 약간의 가산점을 받을 수 있다. 외식업체에서 홀 서빙 아르바이트를 한 경험이 있다면, 고객 응대나 서비스 이해도에서 강점을 보일 가능성이 크다. 관련 아르바이트 경험이 직무 적합성, 연결성이 있다면 어느 정도 경력으로 인정받을 수도 있다. 하지만 아르바이트 기간을 경력으로 포함하면 오히려 역효과를 낼 수도 있다. 예를 들어, 아르바이트 3년과 정규직 2년을 합쳐 '5년 경력'으로 작성하면, 대리급 포지션 검색에 노출되지만, 실제로는 사원급에 적합한 경력만 보유한 셈이다. 이는 헤드헌터가 부적합한 포지션을 제안하거나, 검색 필터에서 누락되는 결과를 낳는다. 경험은 경험으로, 경력은 경력으로 명확히 구분하자.

내 이력서를 보는 사람은 누구일까?

정리하면, 인턴은 '경험'의 시작점, '경력'과는 다르다

인턴 경험을 정규직 '경력'으로 생각하는 분들도 적지 않다. 하지만 인턴은 본격적인 사회생활을 '경험'하는 준비 단계이지, '경력'의 실질적인 시작점이라고 보기는 어렵다. 물론 예외적으로, 특정 회사에서 인턴으로 근무한 후 정규직으로 채용된 경우, 인턴 기간의 일부가 경력으로 인정되는 사례도 있을 수 있다. 하지만 대부분의 경우, 인턴 기간은 통상적인 경력 기간에서 제외되는 것이 일반적이다.

구직 사이트의 경력 사항을 작성할 때, 아르바이트나 인턴 경력을 모두 포함하여 마치 정규직 경력이 풍부한 것처럼 보이도록 작성하는 경우가 있다. 하지만 실제 총 경력에서 아르바이트나 인턴 기간을 제외하고 나면, 직급이 한 단계 낮아지거나, 총 경력 연차가 크게 줄어드는 것을 확인할 수 있다. 이렇게 작성한다고 해서, 본인의 실제 경력보다 높은 직급이나 연차의 포지션 제안을 받거나, 최종 합격으로 이어질 것이라고 기대하기는 어렵다. 오히려 본인의 실제 경력에 적합한 포지션을 추천받고 싶어도, 총 경력이 과도하게 높게 설정되어 있어 적합하지 않은 포지션만 제안받거나, 아예 검색 결과에서 누락되는 불이익을 초래할 수 있다.

인턴 경험은 스킬과 역량을 강조하는 데 활용하자. 예를 들어, 마케팅 인턴으로 캠페인 데이터를 분석했다면, 데이터 분석 스킬과 팀 협업 경험을 이력서에 구체적으로 적자. 이렇게 하면 인턴 경험이 경력만큼 강력한 가치를 발휘할 수 있다.

프리랜서와 계약직, 어디에 속할까?

IT 개발자처럼 프리랜서나 계약직으로 근무하는 경우, 경력 인정 여부는 직무 연관성에 따라 달라진다. 예를 들어, 프리랜서로 2년간 모바일 앱 개발 프로젝트를 수행했다면, 정규직 개발자 포지션 지원 시 경력으로 인정받을 가능성이 크다. 하지만 연관성이 낮은 계약직(ex: 행정 보조)은 경력에서 제외될 수 있다. 프리랜서나 계약직 경험을 이력서에 포함할 때는 성과와 역할을 명확히 적자. 예를 들어, '프리랜서로 3개 앱 개발, 사용자 10만 명 돌파'처럼 구체적 성과를 강조하면, 경력으로 인정받을 확률이 올라간다.

이직 전략은 '정확한 정보'에서 시작된다

경력을 정확히 구분하는 것이야말로, 정확한 포지션 제안을 받기 위한 첫 번째 전략이다. 대학 입시에서 점수와 등급을 기반으로 대학을 선택하듯, 이직 역시 내 경력, 직무, 경험을 기반으로 전략을 짜야 원하는 회사에 도달할 수 있다. 정규직 근무 이력은 경력으로, 아르바이트, 인턴, 단기 계약직은 업무 연관성에 따라 경험으로 활용하는 것이 가장 현실적인 방법이다.

정확히 구분하는 것이 구직 전략의 출발점이다

이처럼 어떤 경험이 '진짜' 본인의 경력인지, 단순한 '경험'인지 제대로 구분하지 못해 발생하는 오류는 결국 본인에게 아무런 이득을 가져다주지 못한다. 특히 사회초년생이나 관련 정보가 부족한 사람들에게는 이러한 구분이 어려울 수 있다. 대학교 졸업 이후의 업무 경력, 즉 정규직으로 근무한 기간을 본인의 업무 경력 기간으로 보는 것이 일반적이며, 아르바이트, 인턴, 계약직 등의 근무 경험은 경험으로 분류하는 것이 합리적이다.

다만, 정규직, 프리랜서, 계약직 등 다양한 형태로 근무한 이력이 혼재되어 있는 경우(ex: IT 개발자 등)에는, 업무 내용의 연관성이 있다면 해당 기간을 총 경력으로 인정하는 것이 일반적이다(프리랜서, 계약직 기간의 경력 인정 여부는 회사 및 직무마다 다를 수 있다). 그 외 대학교 재학 시절(대학교 졸업 이후의 계약직 근무 등은 예외)에 했던 인턴, 아르바이트, 계약직 근무, 대학교 조교, 대학교 행정 근무 등은 대부분 경력으로 인정하지 않는 경우가 많으니 참고하는 것이 좋다.

내 이력서를 보는 사람은 누구일까?

본인의 실제 업무 경력, 다양한 경험, 보유한 직무 역량, 그리고 강점 등을 종합적으로 고려하여 어떤 회사, 어떤 포지션에 지원해야 합격 가능성을 높일 수 있을지 심층적으로 고민해야 한다. 또한, 지원 시 어떤 부분을 효과적으로 어필하고 강조하는 것이 유리할지 전략적으로 이력서를 작성하는 것이 중요하다.

업무 연관성과 직무 적합도, 이 둘이 핵심이다

아르바이트와 인턴은 소중한 경험이지만, 대부분의 회사에서 정규직 경력으로 인정받기 어렵다. 이를 경력란에 포함하면 부적합한 포지션 제안이나 검색 누락으로 이어질 수 있다. 경력은 정규직, 경험은 아르바이트와 인턴으로 구분해 이력서를 명확히 작성하자. 직무와 연관된 경험은 성과 중심으로 강조하고, 프리랜서나 계약직은 연관성을 기준으로 경력에 포함할지 판단하자. 이력서는 단순한 기록이 아니라, 당신의 경력을 전략적으로 보여주는 도구다. 경력과 경험의 경계를 명확히 하고, 원하는 포지션으로 한 발짝 더 다가가자.

모든 경험이 무의미한 것은 아니다. 채용 담당자는 이력서를 보며 단순히 숫자가 아닌 맥락을 본다. 인턴이라도 어떤 직무에서 어떤 역할을 했는지, 아르바이트라도 관련 산업에서 어떤 경험을 쌓았는지가 중요하다. 그런 경험은 경력은 아니지만, 강점으로 어필할 수 있는 좋은 재료가 된다.

5

경력 임의 삭제,
이력서 허위 작성은 퇴사를 부른다

경력 누락, '작은 편집'이 아니라 '중대한 허위'다

구직자들이 이력서를 작성할 때 가장 흔히 저지르는 실수가 '경력 임의 삭제'다. 특히 짧게 근무한 회사나, 경력에 부정적인 영향을 줄 수 있는 이력은 지워버리고 싶은 유혹이 강하게 다가온다. 예를 들어 두 곳의 직장 경력을 하나로 합치거나, 현재 재직 중인 회사를 과감하게 삭제하는 경우도 적지 않다.

이러한 행위는 단순한 '편집'이 아니라 '허위작성'에 해당하며, 채용 시장에서는 매우 심각한 신뢰 문제로 이어진다. 헤드헌터로서 수많은 이력서를 접하면서 경력 누락 사례를 발견했을 때는 반드시 사실 그대로 다시 작성할 것을 요청한다. 그럼에도 불구하고 '내 커리어를 감추는 것이 뭐가 문제냐'는 식으로 불만을 토로하는 구직자도 적지 않다. 심지어 경력증명서 등의 자료도 삭제하고 제출할 테니 삭제된 상태 그대로 접수해 달라고 요구하는 이들도 있다.

구직자의 실수, 채용 기업의 불신을 부른다

경력 자체를 삭제하는 것 외에도 입사일과 퇴사일, 재직 기간 등 세부적인 정보를 잘못 기입하는 사례도 많다. 예를 들어 2021년 입사인데 2020년으로 잘못 쓰거나, 퇴직일을 잘못 작성하는 식의 사례가 매우 많다. 이런

내 이력서를 보는 사람은 누구일까?

94

오류는 단순 실수일 수도 있지만, 채용 담당자 입장에서는 실수조차 꼼꼼하지 못한 성향으로 간주된다.

대부분의 기업은 구직자의 이력을 검증하기 위해 경력증명서, 국민연금 가입내역서, 건강보험 자격득실 확인서 등을 요청한다. 이 자료와 이력서가 일치하지 않으면, 아무리 면접에서 좋은 인상을 남겼더라도 신뢰가 무너지게 된다. 신뢰가 무너지면 채용 자체가 철회되는 일이 발생하며, 그 책임은 오롯이 구직자에게 돌아간다.

이력서 허위기재, 합격 후에도 발목을 잡는다

일각에서는 "설마 이런 문제로 입사가 취소되겠어?"라는 생각을 한다. 그러나 현실은 다르다. 실제로 헤드헌터로 업무하면서 이력서 허위작성으로 인해 최종 합격 후 입사가 취소되거나, 심지어 입사 후에도 퇴사 처리되는 사례를 수차례 경험하였다. 기업은 일정 수준까지는 이해할 수 있어도, 고의적인 허위작성은 절대 용납하지 않는다.

한 사례에서는 3개월 근무한 이력을 이력서에서 누락하고 입사한 후, 동종업계에 해당 사실이 공유되면서 결국 퇴사 조치가 내려졌다. 경력이 누락되었을 뿐인데, 회사 입장에서는 '이 사람은 신뢰할 수 없는 사람'이라는 평가를 내린 것이다. 이처럼 이력서상의 허위 사실은 구직자 본인에게 근 타격을 줄 수 있으며, 이직 준비 중이던 현 직장과의 관계도 영향을 끼칠 수 있는 것이다.

짧은 경력, 애매한 업무는 솔직하게 설명해야 한다

그렇다면 짧게 근무한 경력이나, 커리어와 다소 무관한 경력을 어떻게 해야 할까? 정답은 '솔직한 설명'이다. 이력서에 짧은 근무 이력을 명확히 기입하고, 그 짧은 기간 동안 왜 퇴사를 했는지 구체적인 사유를 덧붙이면 된다. 또한 연관성 없는 업무를 했던 시기라면, 왜 그 일을 선택하게 되었는지 배경을 설명하는 것이 좋다. 인사 담당자도 사람이기에 납득 가능한 이유가 있다면 이해하려는 태도를 보인다. 예컨대 "프로젝트 종료로 계약이 끝났습니다." 혹은 "가족 사정으로 지방으로 내려가야 했습니다." 같은 설명은 충분히 수용 가능한 사유로 여겨진다. 중요한 것은 '신뢰'를 주는 태도다.

채용의 시작은 신뢰에서 출발한다

채용은 결국 사람과 사람 사이의 신뢰에서 출발한다. 기업은 아직 알지 못하는 사람을 채용하기 위해 그 사람의 이력서를 믿고 의사 결정을 한다. 그런데 시작부터 사실을 숨긴다면, 어떤 이유에서든 그 사람은 신뢰를 얻을 수 없다. 단기간의 경력은 단점처럼 느껴질 수 있으나, 경력을 감추는 순간 그것은 치명적인 허위가 된다. 커리어의 약점은 더 나은 성과와 발전된 이력으로 채워야 한다. 일시적인 미관적 포장보다는, 진정성 있는 서술이 장기적인 관점에서 훨씬 더 강력한 무기가 된다.

경력을 감추지 말고, 설명하라

구직자는 자신의 커리어를 좋게 보이고 싶은 마음이 크다. 하지만 이력서에서 경력을 임의로 삭제하거나 왜곡하는 것은 궁극적으로 자기 발등을 찍는 행위다. 채용 시장은 생각보다 좁고, 기업과 기업 간, 인사 담당자 간 정보 공유는 빠르다. 한번 신뢰를 잃으면 회복이 어렵다. 이력서의 진실성은 구직자의 성실성과 직결된다. 짧은 경력, 특이한 경력, 연관성 없는 경력이라 해도 감추지 말고 설명하라. 채용은 신뢰에서 시작하고, 신뢰는 진실된 서류에서 비롯된다.

내 이력서를 보는 사람은 누구일까?

왜 내 이력서 파일은
상대방 컴퓨터에서 깨져 보일까?

"분명히 잘 작성해서 보냈는데, 파일이 열리지 않는다고요?"

간혹 이런 피드백을 받는 순간, 당황스러움이 몰려온다. 내 컴퓨터에서는 멀쩡하게 열리고 잘 보이던 파일이 왜 상대방 컴퓨터에서는 문제를 일으킬까? 그 이유는 대부분 '파일 호환성'과 관련된 아주 기본적인 점검을 놓쳤기 때문이다.

파일 호환성의 중요성

이력서나 포트폴리오를 보낼 때, 내 컴퓨터에서 완벽히 보인다고 안심하면 안 된다. 받는 사람의 환경에서 파일이 깨지거나 열리지 않는다면, 아무리 좋은 내용도 소용없다. 호환성과 접근성은 단순한 기술적 문제가 아니라, 지원자의 세심함과 센스를 보여주는 요소다.

당연함 너머의 배려, 제대로 보이는지 확인하는 마음

우리는 이력서 파일을 회사에 전달할 때, 그 내용이 오류 없이 깔끔하게 보이기를 간절히 바란다. 일부러 파일이 깨지거나 에러가 나길 바라며 보내는 사람은 없을 것이다. 마찬가지로, 공들여 만든 포트폴리오 역시 상대방의 컴퓨터에서도 문제없이 열리고, 당신이 의도한 대로 보여지기를 기대할 것이다. 내 컴퓨터에서 완벽하게 보이는 것이 당연하다고 생각할 수 있다. 익숙한 환경에서 작업했으니, 오류가 없을 것이라고 쉽게 단정짓기 쉽다. 하지만 받는 사람의 디지털 환경은 당신과 다를 수 있다는 점을 항상 염두에 두어야 한다.

맥북과 윈도우, 의외의 호환성 함정

최근 몇 년 사이, 애플 맥북을 사용하는 직장인이나 디자이너들이 많아졌다. 하지만 여전히 기업 현장에서는 윈도우 기반의 환경이 일반적이다. 이 두 환경 간에는 보이지 않는 작은 차이들이 존재하는데, 그 중 하나가 바로 파일명 인코딩 문제다. 예를 들어, 맥북에서 작성한 이력서 파일명을 '이력서'라고 저장하면, 윈도우에서는 이를 'ㅇㅣㄹㅕㄱㅅㅓ'처럼 깨진 텍스트로 인식하는 경우가 있다. 이는 HFS(애플 파일 시스템)와 NTFS(윈도우 파일 시스템)의 문자 인식 방식이 다르기 때문이다.

또 다른 문제는 오피스 프로그램 버전 차이다. 최신 MS 워드에서 작성한 .docx 파일이 구형 버전에서 열리지 않거나 형식이 어그러질 수 있다. 이런 문제는 이력서나 포트폴리오 전달에서 치명적이다. 헤드헌터나 인사팀이 파일을 열지 못하면, 아무리 훌륭한 경력도 평가받지 못한다. 파일 호환성은 지원자의 첫인상을 좌우하는 첫걸음이다.

파일은 나만 잘 보이면 되는 것이 아니다

이력서나 포트폴리오 파일을 보낼 때 가장 중요한 것은 '상대방이 문제없이 열 수 있는가'다. 내 컴퓨터에서 잘 보인다고 끝이 아니다. 오히려 '상대방 컴퓨터에서 어떻게 보일까'를 기준으로 파일을 만들어야 한다. 그래서 대부분의 이력서 파일은 MS 워드(.doc 또는 .docx)로 작성되는 것이 일반적이다. 한글(.hwp)은 특정 기업이나 공공기관에서는 사용되지만, 대부분의 사기업에서는 워드를 선호한다. 이는 문서 호환성과 포맷 유지 측면에서 가장 안정적인 형식이기 때문이다.

PDF, 링크, 클라우드? 효율보다 배려가 먼저다

요즘은 PDF나 노션 링크, 구글 드라이브 등으로 포트폴리오를 전달하는 경우도 많다. 하지만 이 또한 '상대방이 바로 열 수 있는지'가 중요하다.

1) 구글 드라이브로 보낸 포트폴리오가 접근 권한 설정이 안 되어 있어서 열리지 않는 경우
2) 노션 링크를 열었지만, 해당 페이지에 로그인해야만 볼 수 있는 경우
3) 200MB가 넘는 PPT 파일을 첨부해 메일 서버에서 거부된 경우

이런 실수는 서류 자체의 완성도와는 무관하게 '업무 센스 없음'으로 간주되는 경우가 많다. 어떤 기사에 따르면, 대기업 인사팀이 꼽은 '서류전형 탈락 사유' 중 하나가 바로 '문서의 기술적 오류 및 전달 불편'이었다고 한다.

사소한 버전 차이, 예상치 못한 오류를 낳을 수 있다

때로는 오피스 프로그램의 버전 차이로 인해 파일이 깨져 보이는 황당한 경우도 발생한다. 또한, 화려한 비주얼을 자랑하는 포트폴리오 파일이 수백 메가, 심지어 기가바이트에 달하는 거대한 용량을 자랑하는 경우도 있는데, 이러한 파일은 원활한 전송과 확인에 어려움을 초래할 수 있다. 구글 드라이브 링크를 공유하는 경우에도, 접근 권한 설정 미흡으로 인해 파일을 즉시 열어볼 수 없는 상황이 종종 발생한다. 따라서 파일을 전달할 때는, 받는 사람이 번거로움 없이 파일을 확인할 수 있도록 세심한 주의를 기울여야 한다.

만약 포트폴리오 파일의 용량이 너무 크다면, 최대한 압축하여 용량을 줄이는 노력이 필요하다. 영상 자료의 경우, 직접 파일을 첨부하는 대신 링크를 활용하는 것도 좋은 방법이다. 고화질 영상을 포기할 수 없다면, 저용량 파일과 함께 고화질 영상 링크를 첨부하여 받는 사람이 선택적으로 확

인할 수 있도록 배려하는 것도 센스 있는 방법이다(이는 광고홍보 분야에서 고화질 영상과 저용량 포트폴리오를 함께 제공하는 방식에서 엿볼 수 있는 지혜이다).

호환성 테스트, 어떻게 해야 할까?

파일을 보내기 전, 다른 환경에서 테스트하는 습관을 들이자. 내 컴퓨터에서 잘 열렸더라도, 상대방도 그럴 거라는 보장은 없다. 아래는 간단한 테스트 방법들이다.

1) 다른 기기 확인

파일을 USB에 저장해 PC방이나 친구의 컴퓨터에서 열어보자. 윈도우와 맥, 최신, 구형 소프트웨어에서 모두 테스트하자.

2) 이메일 테스트

자신에게 파일을 이메일로 보내 확인하자. 첨부 파일 크기 제한(보통 25MB)을 넘는지, 파일이 손상되지 않았는지 점검하자.

3) 폰트 확인

특이한 폰트를 사용했다면, 다른 기기에서 폰트가 깨지지 않는지 확인하자. 그리고 폰트는 가장 많이 사용하는 폰트 1~2가지만 사용하자. (ex : 맑은고딕, 돋움)

이런 작은 노력은 파일 오류를 줄이고 지원자의 세심함을 보여준다.

받는 사람의 입장 고려하기

파일을 보낼 때는 받는 사람의 편의를 최우선으로 생각하자. 헤드헌터나 인사팀은 하루에 수십 개의 파일을 검토한다. 파일이 열리지 않거나, 용량이 커서 다운로드에 시간이 걸리면, 검토 우선순위에서 밀릴 수 있다. 공용 형식인 워드나 PDF를 기본으로 하고, 회사에서 특정 형식을 요청했다면 그에 맞추자. 예를 들어, 한글(HWP) 파일을 요구하는 공공기관이라면 HWP로 변환해 보내자. 또한, 파일명을 명확히 하자. '이력서.docx' 대신 '홍길동_이력서_2025.docx'처럼 이름과 용도를 포함하면, 받는 사람이 파일을 쉽게 관리할 수 있다.

파일 하나로도 센스를 드러낼 수 있다

야구에서 투수는 포수와 사인을 맞춰야 한다. 사인이 제대로 맞아야만 좋은 공을 던지고 안정적으로 받을 수 있으며, 이는 곧 팀의 승리로 이어진다. 하지만 사인이 엇갈리거나 제구가 흔들리면, 볼이 빠져나가 상대 팀에게 예상치 못한 기회를 제공하게 된다.

지원자의 입장에서 자신이 정성껏 준비한 파일이 오류 없이 제대로 전달되고, 받는 사람의 환경에서도 불편함 없이 확인 가능한지 미리 확인하는 것은, 마치 야구에서 투수가 포수와 사인을 주고받는 것과 같은 섬세한 배려이다. 자신의 컴퓨터 환경에서만 파일을 확인하는 것에 그치지 않고, USB에 담거나 메일로 전송하여 PC방이나 다른 컴퓨터에서도 한 번 더 열어보는 준비성이 필요하다.

이러한 작은 노력은 서류를 검토하는 입장에서 단순한 실수가 아닌, 지원자의 꼼꼼함과 배려심, 나아가 업무 센스로 인식될 수 있다. 당신의 세심한 준비가 좋은 결과를 만들어내는 작은 씨앗이 될 수 있다는 점을 기억해야 한다.

7

혹시, 당신의 이력서도
'쌩얼'로 면접 보러 가나요?

소개팅을 앞두고 멋진 옷을 골라 입고, 공들여 화장하고 머리를 매만지는 것은 너무나 당연한 과정이다. 이력서는 회사라는 새로운 인연을 만나는 첫 단계이자, 당신을 가장 먼저 보여주는 얼굴과 같다. 그렇기에 이력서 역시 정성껏 다듬고 가꾸는 노력이 필요하다.

하지만 안타깝게도 많은 구직자들이 잡사이트에 등록해둔 '기본' 이력서를 Ctrl+C, Ctrl+V 하여 그대로 제출하거나, 심지어 다운로드하여 별다른 수정 없이 제출하는 경우가 허다하다. 마치 아무나 만나도 상관없다는 식의 무성의한 이력서는 인사 담당자에게 불쾌감과 귀찮음을 안겨줄 뿐이다.

물론 당신의 기본적인 이력서는 큰 틀에서 벗어날 필요가 없을 것이다. 그것이 일반적이고 합리적이다. 다만, 지원하는 회사와 지원하는 포시션의 특성에 맞춰 반드시 수정하고 보완해야 한다는 점을 강조하고 싶다. 마치 우리가 상황에 따라 화장을 달리하고 맞는 옷을 입는 것처럼, 이력서도 '메이크업'이 필요하다는 의미이다. 여기서 '메이크업'이란, 없는 경력이나 실적을 거짓으로 꾸며내라는 것이 결코 아니다. 지원하는 회사와 포지션에서 당신의 업무 경력이 최대한 매력적으로 어필될 수 있도록 내용을 재구성하고 강조하는 섬세한 작업이다.

이력서, 단순한 문서가 아니다

이력서는 단순한 경력 나열이 아니다. 지원하는 회사와 포지션에 맞게 자신의 경험을 재구성하고 강조해야 한다. 잡사이트에 등록한 이력서를 그대로 제출하거나, 심지어 다른 회사명을 잘못 적은 자기소개서를 보내는 건 채용 담당자에게 무성의한 태도로 보인다. 채용 담당자는 지원 회사에 맞는 맞춤형 이력서를 선호하며, 지원자의 의지, 태도를 보게 된다. 헤드헌터로서 느끼는 점도 비슷하다. 이력서 수정조차 귀찮아 하는 후보자가, 과연 지원한 회사에 진심으로 채용 전형에 임할지 의문이 들 때가 많다.

JD 분석과 경력 연결

가장 먼저 해야 할 일은, 지원하는 포지션과 당신의 업무 경력 사이의 연관성을 명확히 찾는 것이다.

먼저, 지원 포지션의 JD(Job Description)를 꼼꼼히 분석하자. JD는 회사가 원하는 업무와 자격 요건을 명확히 보여준다. 채용 공고를 꼼꼼히 살펴보면, 어떤 업무를 수행하게 될지, 어떤 경험을 가진 인재를 찾고 있는지 상세히 확인할 수 있다. 예를 들어, 마케팅 포지션 JD에 '디지털 캠페인 경험'이 있다면, 관련 경력을 최상단에 배치하고 구체적 성과를 강조한다. 'SNS 캠페인으로 고객 참여율 20% 증가'처럼 정량화된 성과를 작성 어필하는 것이 효과적이다.

JD에서 요구하는 스킬, 경험이 없다면, 유사 경험을 찾아 어필하자. 예를 들어, 데이터 분석 경험이 없지만 엑셀로 판매 데이터를 정리한 경험이 있다면, "엑셀을 활용해 월간 매출 보고서를 작성하며 데이터 기반 의사결정을 지원했습니다."라고 적는다. JD에 명시된 업무 내용을 중심으로 당신의 업무 경력을 재배치하고, 직접적으로 관련된 업무 경험은 최대한 구체적인 성과 중심으로 상세하게 작성하여 강점을 부각해야 한다. 반면, 관련성이 낮은 경력은 간략하게 언급하여 '이러한 경험도 있습니다.' 정도의 인상을 주는 것이 효과적이다.

회사 이해와 어필

지원 회사의 비전, 제품, 최근 동향을 조사하자. 예를 들어, 친환경 제품을 만드는 회사라면, '지속가능성 프로젝트 경험'을 강조하며 "회사의 친환경 비전에 기여하고 싶습니다."라고 연결하는 것이 좋다. 회사의 사업 방향과 경력을 연결하는 것도 중요하다. 예를 들어, 글로벌 시장 진출을 목표로 하는 회사라면, "해외 고객 대상 캠페인으로 매출 15% 증가를 달성한 경험이 회사의 국제화 전략에 기여할 것입니다."처럼 어필하는 것도 좋은 전략이다.

또한, 회사에서 어떤 경험을 가진 지원자를 선호하고 찾고 있는지 파악하는 것도 중요하다. 당신의 업무 경험과 정확히 일치한다면, 이를 최대한 강조하여 어필하고, 관련 자료(포트폴리오, 기사 자료, 기획서 등)를 첨부하여 당신이 바로 회사가 찾던 인재임을 적극적으로 알려야 한다. 만약 완벽하게 일치하는 경험이 없다면, 당신의 업무 경험 중에서 가장 유사한 업무 경력을 찾아 연결하고 어필하는 전략이 필요하다.

자기소개서, 맞춤형으로 작성해야

자기소개서에 다른 회사명이 들어가거나, 지원 포지션과 맞지 않는 내용이 포함되어 있다면, 이는 서류 탈락의 원인이 될 수 있다. 지원하는 회사와 포지션에 맞게 내용을 수정하고 보완해야 한다.

이력서를 다듬는 몇 가지 실용적 팁을 공유한다.

1) **구체적 성과** : '매출 10% 증가', '프로젝트 2주 단축'처럼 숫자로 증명하자.

2) **간결한 구성** : 관련 없는 경력은 간략히, 핵심 경력은 상세히 적는다.

3) **산업 용어** : JD와 회사 자료에서 자주 쓰이는 용어를 반영한다(약어, 은어가

아니라 산업 전문 용어를 말하는 것이다).

4) 첨부 자료 : 포트폴리오, 기획서, 인증서를 추가해 전문성을 강화한다.

5) 오타 점검 : 문법, 띄어쓰기, 회사명 오류를 꼼꼼히 확인한다.

전문 용어와 성과 중심 기술, 당신의 가치를 높이는 언어

이처럼 당신의 경력과 경험을 최대한 회사의 관점에서 맞춰서 작성하고 어필하는 것이 핵심이다. 이때 사용하는 용어 또한 가능한 한 해당 업계 및 직무와 관련된 전문 용어를 사용하여 당신의 이해도를 높이는 것이 좋다. 지원하는 회사의 사업 방향과 당신의 업무 경험이 얼마나 일치하거나 유사한지 구체적인 사례 중심으로 명확하게 설명해야 하며, 당신이 해당 산업 분야에 대한 전문적인 지식을 갖추고 있다는 것을 은연중에 드러내는 것도 좋은 전략이다.

바쁜 업무로 인해 시간을 내기 어렵다는 것은 충분히 이해한다. 하지만 당신의 미래를 결정할 수도 있는 중요한 첫 단추인 이력서를 검토하고 수정하는 데 1~2시간 정도는 충분히 투자할 수 있는 시간이라고 생각한다. 그 정도의 시간조차 할애하기 어렵다면, 과연 지원하는 회사에 대해 제대로 조사하고 공부하며 채용 준비를 할 의지가 있는지 의문이 들기도 한다.

심지어 잡사이트에 등록된 자료를 그대로 보내달라는 일부 지원자들의 요청은 정중히 거절한다. 대부분의 회사에서 잡사이트 자료는 접수조차 받지 않으며, 검토도 하지 않고 탈락 처리하는 것이 일반적이다. 지원의지가 없다고 판단을 한다. 그러한 태도와 열정으로는 합격하기 어려울 뿐더러, 설령 입사한다 하더라도 회사에 도움이 되는 인재가 되기는 어렵다고 생각한다.

시간 투자, 1~2시간의 마법

'바빠서 이력서 수정할 시간이 없다'는 말에 공감하지만(솔직히 공감이

내 이력서를 보는 사람은 누구일까?

안 된다), 1~2시간만 투자하면 큰 차이를 만든다. JD를 읽고, 회사 홈페이지를 훑으며, 경력을 재정리하는 데 긴 시간이 필요하지 않다. 시간이 없다면, 지원 전 최소한 오타 점검과 포지션 연관성을 확인하자. 예를 들어, 다른 회사명이 적혀 있거나, 포지션과 무관한 경력이 길게 적혀 있다면 바로 수정하자. 이런 작은 노력은 채용 담당자의 신뢰를 얻는다.

진정성을 담은 이력서, 당신의 첫인상을 결정한다

이력서는 당신을 나타내고 설명하는 최소한의, 그리고 가장 중요한 자료이며 자신을 소개하는 브랜드와 같다. 지원하는 회사와 포지션에 대해 충분히 알아보고 심사숙고하여 작성한 이력서는, 회사를 향한 최소한의 예의이자 노력으로 비춰질 것이다. 자기소개서에 엉뚱한 회사 이름이 적혀 있거나, 채용 포지션과 전혀 관련 없는 내용으로 채워진 이력서는 서류 검토 단계에서 탈락할 가능성이 매우 높다. 그러므로 당신의 이력서를 다시 한 번 꼼꼼히 살펴보고, 지원하는 회사와 포지션에 맞춰 수정하고 보완하는 작업을 소홀히 해서는 안 될 것이다.

이력서는 회사와의 첫 만남이다. 무성의한 복사 붙여넣기 대신, 지원 포지션과 회사에 맞게 다듬는 메이크업이 필요하다. JD를 분석해 경력을 재구성하고, 회사 비진을 연결하며, 구체적 성과로 선문성을 보여주자.

군대 경력, 이력서에 써도 될까?

군 복무 기간을 경력으로 쓸 수 있을지는 많은 남성(및 일부 여성) 지원자들의 고민이다. 단순히 복무했다는 사실만으로 경력이 되는 건 아니지만, 기회가 숨어 있기도 하다.

대부분 기업은 현역병의 2년 남짓 복무를 경력으로 인정하지 않는다. 민간 직무와의 연관성이 적다고 판단하기 때문이다. 간부 출신도 마찬가지인 경우가 많다. 하지만 직무 연관성이 높은 특정 병과는 예외다. 공군 조종사가 민항기 조종사로, 취사병이 호텔 조리직으로 지원하는 경우라면 실무 경험으로 인정될 수 있다.

군 복무 전부터 진로와 맞는 병과를 선택한다면, 군 경험이 실제 커리어로 이어질 수 있다. 요식업 희망자는 취사병, IT는 통신병, 건설은 공병처럼 연계하는 전략이 필요하다. 군 복무는 책임, 협력, 도전으로 성장하는 시간이다. 이력서에서 그 가치를 인정받으려면 직무와의 연결고리를 명확히 보여줘야 한다. 정직하고 명확한 이력서로 신뢰를 쌓고, 군 복무를 나만의 커리어 스토리로 만들어 미래를 여는 첫걸음으로 삼을 수 있다.

JD 하나가 채용 성패를 가른다
JD의 진짜 역할

채용에서 JD(Job Description, 직무기술서)는 핵심 도구이다. 단순히 업무를 나열하는 것이 아니라, 채용 기준을 명확히 하고 기업과 지원자 간 소통을 높이는 역할을 한다. JD 없는 채용은 설계도 없는 건축과 같아 시간과 비용 낭비, 부적합한 인재 채용으로 이어진다.

명확한 JD의 세 가지 이점은 다음과 같다.
1) **채용 기준 명확화** : 기업이 어떤 인재를 원하는지 구체적으로 정의할 수 있다.
2) **효율 증대** : 헤드헌터와 지원자 모두에게 명확한 판단 기준을 제공해 효율을 높인다.
3) **기업 이미지 향상** : JD가 부실하면 기업 신뢰도가 하락하고 우수 인재 지원이 감소한다.

JD 작성은 HR의 핵심 업무이자 현업 부서와의 협업 결과물이어야 한다. 인사팀과 현업 부서가 함께 채용 목표, 업무 내용, 필요 역량을 명확히 하고 피드백을 통해 작성되어야 한다. JD 없이 인재를 찾는 것은 나침반 없이 항해하는 것과 같다. 이는 단순한 채용 문서를 넘어, 전략적 채용을 위한 필수 도구임을 모든 인사 담당자가 인지해야 하며, JD 작성을 소홀히 하면 채용 실패와 기업 이미지 하락이라는 손해를 감수하게 될 것이다.

면접 가이드

면접에 정답은 없다

왜 나는 면접만 가면 떨어질까?
단순히 답변을 잘하는 것만으로는 부족하다.
이 장에서는 준비부터 응답, 태도까지
합격을 만드는 면접의 흐름을 이야기한다.

1

면접 일정 조율,
단순한 스케줄 조정이 아니다

　회사에서 서류 전형을 통과한 후보자의 면접 일정을 조율하는 과정은 때로는 미묘한 소통 능력을 엿볼 수 있는 기회가 된다. 면접 일정 조율은 단순히 가능한 날짜를 전달하는 것이 아니다. 이는 지원자의 커뮤니케이션 능력과 배려심을 보여주는 기회다.

　예를 들어, 면접관이 2월 4일 오전과 5일 오전에 시간이 비어, 후보자에게 가능한 일정을 알려달라고 요청했을 때, 대부분의 후보자는 "2월 5일 오전 가능합니다."라고 답하곤 한다. 물론 질문의 요지에 벗어난 답변은 아니지만, 조금 더 센스 있는 답변은 "2월 4일 오전과 2월 5일 오전 모두 가능하며, 개인적으로는 5일 오전이 조금 더 좋습니다."와 같이, 가능한 선택지를 모두 제시하면서 선호하는 일정을 덧붙이는 것이나.

　또 다른 예로, 2월 10일부터 14일 사이의 주간에 면접 가능한 일정을 알려달라는 요청에, 딱 하루의 특정 시간만 답하는 경우를 자주 보게 된다. "저는 14일 오후에 가능합니다."와 같은 답변은, 소통의 유연성이 부족하다는 인상을 줄 수 있다. 물론 질문 답변에 문제가 있는 것은 아니지만, 나는 이러한 경우 반대로 질문하곤 한다.

　"2월 10일부터 14일 사이에 면접 불가능한 일정을 모두 알려주시면, 해당 일정을 제외하고 면접을 잡을 수 있도록 하겠습니다."라고 말이다. 이렇게 질문하면, "10일 월요일은 안 되고, 13일 수요일 오전은 불가능하며, 나머지는 모두 가능합니다."와 같은 구체적인 답변을 얻을 수 있고, 이를 바탕으로 월요일과 수요일 오전을 제외한 목요일이나 금요일에 면접 일정을 조율하면 양쪽 모두 만족스러운 결과를 얻을 수 있다.

이 과정에서 드러나는 지원자의 태도와 커뮤니케이션 능력은 면접관에게 깊은 인상을 남긴다. 작은 대응 하나가 전체 평가에 영향을 줄 수 있다.

효율적인 일정 조율, 불필요한 소통을 줄이는 지혜

인사 담당자와 후보자 간의 원활한 소통은 채용 과정을 매끄럽게 진행하는 데 필수적이다. 면접 일정을 조율하는 과정에서, 면접관의 가능한 일정과 불가능한 일정을 미리 파악하고, 후보자 역시 자신의 가능한 일정과 불가능한 일정을 명확하게 전달하는 것이 중요하다. 이렇게 서로의 상황을 정확히 파악해야 불필요한 소통과 에너지 낭비를 줄일 수 있다.

인사 담당자 입장에서 면접관의 일정을 대충 전달하면, 후보자와 불필요한 소통이 늘어난다. 예를 들어, "언제 가능하세요?"라고만 묻는 대신, "면접관이 2월 10일~14일 중 화, 목요일 오전, 금요일 오후에 가능합니다. 이 중 불가능한 일정을 알려주시면 조율하겠습니다."라고 구체적으로 물어야 한다. 면접관의 가능 일정뿐 아니라 불가능 일정도 파악해야 한다. 예를 들어, 면접관이 월요일은 회의, 수요일 오후는 외부 일정으로 바쁘다면, 이를 후보자에게 미리 알려주자. 이는 시간 낭비를 줄이고, 양측의 만족도를 높인다. 명확한 커뮤니케이션이 업무를 간소화할 수 있는 것이다.

후보자는 일정 문의를 받으면 최대한 유연하게 답하자. 본인 스케줄을 꼼꼼히 확인해, 연차나 반차를 사용할 수 없는 날(ex: 회의, 외부 미팅 등)을 제외한 모든 가능 일정을 공유하자. 예를 들어, "2월 10일~14일 중 11일 화요일 오후와 13일 수요일은 어렵지만, 나머지 날은 모두 가능합니다."라고 답하면 된다. 가능하면 선호 일정을 덧붙이자. "특히 12일 목요일 오전이 가장 편리합니다."

이런 답변은 몇 가지 이점을 준다. 첫째, 인사 담당자의 조율 부담을 줄인다. 둘째, 당신의 협력적 태도를 보여준다. 셋째, 빠른 일정 확정으로 면접 준비 시간을 확보한다. 이런 사소한 소통에서도 열정과 성실함이 평가되며, 지원자 태도가 드러나게 되는 것이다.

일정 조율, 평가의 일부

채용 과정은 서류, 면접뿐 아니라 모든 소통에서 평가된다. 이력서의 오타, 서류의 꼼꼼함, 면접에서의 예의, 시간 약속, 심지어 일정 조율까지. 채용에서 지원자의 세심한 태도가 결정적 차이를 만들고 다른 후보자와의 차별점을 만드는 것이다. 예를 들어, 면접 일정 문의에 단답형으로 응답하거나, 늦게 답장하면 '업무 센스가 부족하다'는 인상을 줄 수 있다. 반대로, 유연하고 신속한 답변은 커뮤니케이션 능력과 책임감을 보여준다. 예를 들어, 인사 담당자가 "급하게 일정을 잡아야 한다."고 하면, "최대한 빠르게 조율하겠습니다. 10일 오후와 11일 오전 가능하며, 추가로 가능한 시간대가 있으면 알려주세요."라고 답하면 긍정적 이미지를 심는다.

헤드헌터의 역할과 영향

헤드헌터와의 소통도 평가의 일부가 될 수 있다. 인사 담당자가 비슷한 평가 점수를 받은 후보자 중 고민할 때, 헤드헌터에게 "누가 더 괜찮았나요?"라고 묻는 경우가 생각보다 많다. 헤드헌터 입장에서 지원자의 소통 태도, 열정, 인성을 간접적으로 평가하게 되고 그런 부분을 전달하게 되면 당락에 영향을 주기도 한다. 헤드헌터는 업무 스킬은 평가하지 못하지만, 인성과 태도는 관찰하게 된다. 예를 들어, 이메일 답장이 느리거나, 무성의한 태도를 보이면 "소통이 원활하지 않다."는 피드백이 갈 수 있다.

센스 있는 소통을 위한 팁

면접 일정 조율에서 돋보이려면 몇 가지를 기억하자.

1) **신속한 응답** : 문의를 받으면 최대한 빠르게 답장을 하자. 빠른 응답은 성실함을 보여준다.
2) **유연한 일정** : 가능하면 여러 일정을 제안하고, 선호 일정을 명확히 하자.
3) **불가능 일정 명시** : 불가능한 날과 이유를 간단히 설명하면 신뢰가 쌓인다 (ex: 10일은 외부 미팅으로 어렵습니다).
4) **예의와 명확함** : "감사합니다."로 시작하고, 간결하고 명확한 문장으로 답하자.
5) **후속 확인** : 일정이 확정되지 않으면, "추가로 조율 필요한 부분 있으면 말씀해주세요."라고 덧붙이자.

채용에서 작은 소통이 지원자의 전문성을 보여주기도 한다. 예를 들어, 이메일 끝에 "추가 질문 있으시면 언제든 연락 주세요."를 추가하면 열린 태도를 보여준다.

채용 과정, 보이지 않는 곳에서도 당신은 평가받고 있다

채용 과정은 서류 검토와 면접이라는 일련의 과정을 통해 후보자의 역량과 적합성을 평가하고 선별하는 과정이다. 이러한 과정에서 사소하게 보이는 소통 방식 하나하나가, 지원자의 업무 센스를 가늠하는 중요한 지표가 될 수 있다는 점을 명심해야 한다. 채용 과정 전반에 걸쳐, 지원자는 자신이 미처 인식하지 못하는 다양한 측면에서 평가받고 있다는 사실을 기억해야 한다.

이력서의 작성 기술, 오탈자 여부 등을 통해 꼼꼼함과 내용의 전문성을 평가하고, 진행 과정에서의 소통 능력, 면접 자리에서의 예의, 시간 약속

내 이력서를 보는 사람은 누구일까?

준수 및 상대방을 대하는 태도 등 다양한 요소들이 종합적으로 평가 대상이 된다.

때로는 회사 인사 담당자가 면접을 진행한 후보자에 대한 평가를 헤드헌터에게 문의하는 경우도 있다. 헤드헌터에게 어떤 후보자가 더 적합한 인재인지 의견을 묻는 경우는 생각보다 많다. 헤드헌터와의 소통 과정에서 보여준 후보자의 인성, 상대를 배려하는 태도, 그리고 지원하고자 하는 열정 등은 업무적인 스킬이나 능력 외적인 중요한 평가 요소가 된다. 물론 헤드헌터가 후보자의 업무 능력을 직접적으로 평가할 수는 없지만, 소통 과정에서 드러나는 인성적인 측면은 충분히 비교 평가가 가능하다.

이러한 사소한 부분들이 최종 결정에 영향을 미치는 중요한 요소라는 점을 간과해서는 안 된다. 결국 채용 과정은 단순히 업무 능력만을 평가하는 것이 아니라, 기본적인 센스와 사회생활 태도와 같은 기본적인 소양까지 종합적으로 평가하는 과정이라고 할 수 있다.

면접 준비 '이 정도쯤이야'라고 생각하면 탈락한다

면접 당일, 회사 이름조차 모른 채 참석한 지원자

몇 년 전, 중견 기업에서 회계사 출신의 시니어 재무 담당자를 채용하는 프로젝트를 진행했었다. 해당 지원자는 경력도 훌륭했고 이력서 역시 매끄러웠다. 회사에 대해 안내하고 서류를 제출한 뒤, 면접 일정까지 조율했다. 나는 과거 이 회사에서 있었던 면접 스타일, 자주 나오는 질문, 경쟁사 정보까지 정리해 자료를 전달했고, 면접 전날까지 준비 사항을 안내했다. 하지만 면접 결과는 탈락. 그 이유를 듣고 나도 충격을 받았다. "지원한 회사가 어떤 회사인지도 모르고 참석했다."는 것이었다.

회사 이름조차 제대로 숙지하지 않고, 담당 업무조차 파악하지 않은 채 면접을 본 것이다. 심지어 이 지원자는 '그냥 이력서 보내라고 해서 보냈고, 면접 오라고 해서 온 것뿐'이라는 태도였다. 면접이 약 20분 만에 끝난 것도 무리가 아니었다. 준비 없이 들어선 면접장에서 어설픈 답변을 하는 순간, 면접관은 더 이상 질문할 가치가 없다고 판단했을 것이다.

면접, 준비 없이 성공할 수 있을까?

면접은 단순한 대화가 아니다. 자신의 경력을 증명하고, 회사의 비전을 이해하며, 그 안에서 자신의 가치를 보여주는 기회이다. 하지만 놀랍게도, 많은 지원자가 최소한의 준비도 없이 면접에 임한다. 준비된 자료를 건네도 읽지 않고, 회사에 대해 전혀 모른 채 면접실에 들어가는 경우가 적지 않다.

짧은 시간 면접을 보고 탈락시킨 면접관의 피드백은 간단했다. "지원자가 우리 회사가 뭘 하는지도 모른다." 준비 부족은 단순한 실수가 아니라, 기회를 스스로 날리는 선택이다.

나는 어떻게든 지원자의 합격을 돕기 위해 최선을 다했지만, 결국 면접 준비의 중요성을 간과한 지원자의 태도는 안타까운 결과를 초래했다. 이는 마치 '소를 물가로 끌고 갈 수는 있어도, 물을 먹일 수는 없다'는 말처럼, 아무리 좋은 환경과 자료를 제공해도 본인이 준비하려는 의지가 없다면 소용 없다는 것을 깨닫게 해준 경험이었다.

준비가 면접의 첫걸음이다

면접은 단순히 이력서를 읽고 질문에 답하는 자리가 아니다. 회사와 지원자가 서로를 탐색하는 과정이다. 지원자 평가 기준에 있어 지원회사에 대한 이해도는 중요한 평가 항목 중에 하나이며, 이는 지원자가 회사의 비전, 제품, 시장 위치 등을 얼마나 파악했는지를 통해 드러난다.

예를 들어, 제품을 판매하는 회사라면 그들의 제품을 직접 사용해보는 것은 기본이다. 사용 경험을 비탕으로 자신의 의견이나 주변 사람들의 피드백을 정리하여 면접에서 답할 수 있다면 좋은 인상을 남기게 된다. 더 나아가 경쟁사 제품까지 파악하고 있다면 회사와 제품에 대한 깊이 있는 이해를 보여줄 수 있을 것이다.

패션 브랜드 면접이라면 해당 브랜드의 옷을 구입해서 입고 가는 지원자도 있다. 충분히 과하다 생각하겠지만, 회사 입장에서는 매우 적극적인 태도를 좋게 평가할 것이다. 식품 회사라면 제품을 먹어 보고 피드백을 정리해 이야기할 준비를 해야 한다.

재무, 회계, 전략 등 숫자 데이터를 중요하게 다루는 직무라면 회사의 재무제표, 매출, 원가, 이익 등의 자료를 충분히 분석하는 것이 필수적이다. 심지어 면접 시, 전날, 당일의 주가를 답한 후보자가 최종 합격했다는 이야기가 있을 정도이다.

이런 준비는 단순히 성의를 넘어, 회사의 가치를 이해하고 자신의 역할을 고민했음을 보여준다. 준비는 면접관에게 '이 사람은 우리와 함께하고 싶어 한다'는 메시지를 전달한다.

회사에 대한 이해, 어디서 시작해야 할까?

면접 준비의 첫 단계는 회사를 아는 것이다. 회사의 홈페이지는 기본이다. 연혁, 주요 제품, 비전, 최근 뉴스 등을 확인한다. 예를 들어, 삼성전자의 경우, 홈페이지에서 최신 반도체 기술이나 지속 가능 경영 전략을 강조하는 점을 알 수 있다. 이런 정보는 면접에서 '회사의 방향성에 어떻게 기여할 것인가?'라는 질문에 답할 때 유용하다.

다음으로, 재무제표와 뉴스 기사를 활용하자. 특히 재무, 회계, 전략 포지션이라면 필수다. 경쟁사와 산업 트렌드도 놓쳐서는 안 된다. 현대자동차 면접이라면 현대, 기아, 테슬라의 전략과 비교하며 시장 동향을 이야기할 수 있어야 한다. 이런 정보는 신문이나, 뉴스 등의 매체에서 쉽게 찾을 수 있다. 회사의 홈페이지, 뉴스, 재무 데이터는 면접 준비의 기본 재료다.

직접 경험해보는 준비의 힘

정보를 찾는 것만큼 중요한 건 직접 경험하는 것이다. 제품을 판매하는 회사라면 그 제품을 구매하거나 사용해봐야 한다. 스타벅스 면접이라면 매장에 방문해 메뉴를 주문하고, 서비스 흐름을 관찰하여, 해당 내용을 바탕으로 면접에 임한다면, 더 좋은 평가를 받을 수 있게 된다.

재무 포지션이라면 숫자를 다루는 연습도 필요하다. 회사의 재무제표, 연차보고서 등을 읽고, 매출, 원가, 이익률을 분석해야 한다. 이런 준비는 단순히 정보를 아는 데서 끝나지 않고, 자신의 분석 능력을 보여준다.

회사에 대해 파고들수록, 경쟁사와 시장의 흐름이 보인다

요즘 면접은 단순히 회사 정보 몇 줄 외우고 가는 수준으로는 부족하다. 산업 동향, 경쟁사 비교, 시장 내 자사 위치, 향후 전략 등 복합적인 요소를 파악해야 한다. 본인의 직무와 연결 지어, 어떤 점을 기여할 수 있을지 설득할 수 있어야 한다. 또한 말하기 연습도 중요하다. 아무리 준비가 잘되어 있어도 말이 어눌하면 전달력이 떨어진다. 예상 질문 리스트를 만들어 연습하고, 목소리 톤, 말의 속도, 시선 처리 등도 점검해야 한다. 면접관은 '답변 내용'뿐 아니라 '태도'와 '표현 방식'에서도 많은 인상을 받기 때문이다.

자료를 줘도 보지 않는 사람들

헤드헌터 입장에서 한 명의 후보자가 서류를 통과하면, 그 다음은 합격을 위한 전략 수립이다. 그래서 나는 거의 '내가 면접을 본다'는 마음으로 준비한다. 기업의 공식 홈페이지는 물론, 관련 뉴스 기사, 사업 보고서, IR 자료, 산업 동향까지 찾아본다. 과거 면접자들의 피드백이 있다면 정리해서 전달한다. 면접 시간이 빠듯하면 최소한 내가 준 자료라도 보고 가야 한다고 수차례 강조한다.

하지만 현실은 다르다. 생각보다 많은 지원자들이 이 기본조차 하지 않는다. 면접 준비에 시간을 들이지 않고 '이 정도쯤이야.'라는 마인드로 참석한다. 본인이 가장 잘 아는 분야이고, 실무 능력도 있다고 생각하기 때문이다. 그러나 면접은 자신이 '잘하는 일'을 증명해야 하는 자리이자, '잘 말해야 하는 자리'다. 아무리 유능한 실무자라도 준비 없이 면접에 임한다면, 자신의 능력을 보여줄 기회조차 얻지 못할 수 있다.

합격은 '결과'가 아니라 '과정'이 만든다

면접은 단 한 번의 기회지만, 준비는 무한하다. 실수할 수도 있고, 예상 질문이 어긋날 수도 있다. 하지만 충분히 준비한 사람은 그 노력과 진심이 말투, 표정, 태도에서 드러난다. 그 차이는 결국 합격 여부를 가른다. 환경을 만들어줘도 결국 면접의 성패는 스스로 얼마나 준비했느냐에 달려 있다. '이 정도쯤이야.'라는 생각이 불러올 결과는 탈락뿐이다.

준비는 투자가 아니라 필수다

면접 준비는 시간과 노력을 요구한다. 회사의 홈페이지를 뒤지고, 제품을 사용해보고, 재무제표를 분석하고, 답변을 연습하는 과정은 결코 쉽지 않다. 하지만 이 과정은 단순히 합격을 위한 투자가 아니다. 자신의 커리어를 진지하게 고민하고, 회사의 가치를 이해하는 기회다. 면접은 단순한 취업의 관문이 아니라, 자신의 가치를 증명하는 무대다. 준비가 부족했던 과거의 지원자처럼 20분 만에 퇴장하지 않으려면, 지금부터 시작하자. 회사를 탐구하고, 자신을 단련하며, 면접실에서 최선을 다할 준비를 하자. 그 노력은 반드시 면접관에게 전달될 것이다.

내 이력서를 보는 사람은 누구일까?

3

면접에서 꼭 나오는 질문,
어떻게 답변해야 할까?

면접장에서 자주 듣게 되는 질문이 있다. 바로 '왜 이직하려는가?'와 '왜 우리회사에 지원했는가?'이다. 이 두 가지 질문은 단순한 호기심에서 나오는 것이 아니다. 지원자의 동기와 회사에 대한 이해도를 파악하기 위한 핵심 질문이다. 이 두 질문이 면접의 흐름을 결정한다. 경력직 면접에서 이 질문들은 단순한 문답이 아니라, 당신의 이직 이유와 지원 동기를 깊이 파헤치는 열쇠다.

두 질문이 면접을 결정한다

면접의 모든 질문은 결국 두 가지로 귀결된다. 첫째, '어떤 갈등을 느끼고 있는가?' 이는 왜 이직하려는지, 현 직장에서 무엇이 부족했는지를 묻는다. 둘째, '왜 이 회사인가?' 이는 지원 동기와 회사의 어떤 점이 당신을 끌어당겼는지를 탐구한다. 이 두 질문은 경력직 채용에서 면접관이 가장 주목하는 포인트이며, 이 질문들에 명확하고 설득력 있는 답변을 준비하면, 면접의 흐름을 주도할 수 있다. 면접에서도 이직 이유는 논리적으로, 지원 동기는 스토리 중심으로 풀어내는 게 효과적이다.

만약 이직을 결심하게 된 목적과 이유를 면접관에게 충분히 납득시키지 못한다면, 합격을 기대하기 어렵다. 마찬가지로, 지원하는 회사에 대한 명확한 지원 동기를 제시하지 못한다면, 면접관이나 채용 결정권자는 당신을

4장 면접 가이드

123

채용해야 할 마땅한 이유를 찾지 못할 것이다. 따라서 면접을 준비하는 과정에서 이 두 가지 질문에 대해 깊이 고민하고, 자신만의 명쾌한 답변을 준비하는 것이 무엇보다 중요하다.

첫 번째 질문 : 왜 이직하려는가? 어떤 갈증을 느끼고 있는가?

이직 이유는 면접의 첫 번째 관문이다. 금전적 불만(연봉, 복지), 근무 환경(상사 갈등, 회사 분위기), 성장 기회 부족(직무 전환, 스킬 업그레이드)이 주요 이유로 꼽힌다. 하지만 전 직장의 불만을 그대로 드러내면 위험하다. 전 직장을 비판하는 지원자는 신뢰를 잃고, 새 회사에서도 불만을 가질 가능성이 높다고 인식하게 된다. 예를 들어, "연봉이 낮아서 떠났습니다."라고 말하면, 면접관은 '우리도 연봉이 낮으면 떠날 건가?'라는 의심을 품는다.

대신, 이직 이유를 성장 중심으로 재해석하자. 예를 들어, 연봉 불만이 있다면 이렇게 말할 수 있다. "현 직장에서 안정적인 업무를 수행했지만, 더 큰 프로젝트를 통해 스킬을 확장하고 인정받고 싶었습니다." 상사 갈등이 이유라면, "팀 협업에서 다양한 리더십 스타일을 경험하며, 더 역동적인 환경에서 성장하고 싶습니다."라고 표현하자. 이직 이유를 긍정적이고 미래 지향적으로 설명하는 지원자가 더 매력적으로 평가받게 된다.

결국 당신이 이직하려는 목적과 이유는 성장에 초점을 맞춰야 한다. 개인의 커리어를 개발하고 확장하기 위해 다양한 프로젝트와 업무를 경험하며 성장해야 하지만, 현재의 직장에서는 그러한 기회를 얻기 어렵다는 점을 이직의 주된 이유로 설명해야 한다. 물론 이러한 성장 기회의 부족은 금전적인 불만, 상사와의 갈등, 회사의 조직 문화에 대한 불만 등 다양한 요소와 연결될 수 있다. 하지만 면접에서는 이러한 갈등 요소를 직접적으로 언급하기보다는, 성장을 위한 적극적인 의지를 강조하는 것이 훨씬 효과적이다. 현재 직장에서 겪는 어려움을 어떻게 극복하고 해결하려고 노력했는지, 그리고 새로운 회사에서는 어떤 성장 기회를 기대하고 있는지 구체적으로 설명하는 것이 중요하다.

두 번째 질문 : 왜 우리 회사에 지원했는가?

면접에서 가장 흔히 등장하지만, 동시에 많은 지원자들이 가장 흔하게 틀리는 질문이다. 이 질문은 단순한 호기심이 아니다. 면접관은 이 질문 하나로 지원자의 지원 동기, 진정성, 조사 수준, 산업에 대한 이해, 성장 가능성을 종합적으로 평가한다. 하지만 많은 지원자가 "성장하고 싶어서요.", "업무 경험을 넓히고 싶어서요."라는 피상적인 답변을 내놓는다. 말 자체는 틀리지 않았지만, 논리도 없고 근거도 없다. 이런 답변은 면접관 입장에서 보면, '여러 지원 회사 중 하나일 뿐'이라는 인상을 줄 수밖에 없다.

지원 동기는 회사에서 당신을 채용해야 하는 사유를 찾는 부분이다. 그렇다면 해당 포지션에 본인의 강점과 성과를 연결시켜야 한다. 따라서 본인의 강점, 약점, 성과를 분석할 수 있어야 하고, 지원 회사, 포지션, 산업에 대한 충분한 조사가 필요하다. 여기서 본인 업무 경험, 경력, 성과가 회사에 어떤 영향, 기여할 수 있는지 설명, 설득해야 면접관 입장에서도 채용 사유를 찾을 수 있는 것이다. 단순히 추상적인 설명으로 면접관을 설득하는 것이 아니라, 정확한 수치, 데이터를 중심으로 설득하는 것이 핵심이다. 기업은 절대 제일 잘난 사람을 뽑지 않는다. 대신, 지금 우리 회사에 가장 잘 맞는 사람을 찾는다. 이 차이를 이해하지 못하면 면접에서 계속 떨어질 수밖에 없다.

면접은 나를 보여주는 무대다

면접은 단순히 질문에 답하는 자리가 아니다. 자신의 경험과 능력을 보여주고, 회사에 어떻게 기여할 수 있는지를 설명하는 무대다. 따라서 면접을 준비할 때는 예상 질문에 대한 답변을 준비하는 것뿐만 아니라, 자신의 경험과 성과를 정리하고, 이를 어떻게 회사에 적용할 수 있을지를 고민해야 한다. 또한, 면접에서는 자신감과 진정성이 중요하다. 준비된 답변을 외우듯이 말하는 것보다는 자신의 생각과 경험을 진심으로 이야기하는 것이 더 큰 인상을 남길 수 있다.

면접 준비의 핵심

면접은 어렵지만, 준비로 극복할 수 있다. 아래는 실용적인 준비 팁이다.

1) 예상 질문 연습

두 핵심 질문 외에도, "당신의 강점은?", "5년 후 어느 위치에 있고 싶나?" 같은 질문이 나온다. 예상 질문을 뽑아 답변을 연습하자. 친구나 동료와 모의 면접을 해보면 실전 감각을 키울 수 있다. 주변 사람과 같이 하기 어렵다면 거울 앞이나, 셀프 카메라로 연습을 해보자.

2) 회사 자료 조사

지원 회사의 최근 뉴스, 제품, 경쟁사를 조사하자. 예를 들어, 경쟁사의 신제품이 화제라면, "경쟁사의 전략을 분석하며 귀사의 차별화된 전략에 매력을 느꼈습니다."처럼 언급하면 깊이 있는 답변이 된다.

3) 자신감과 솔직함

완벽한 답변보다 솔직한 태도가 중요하다. 모르는 질문이 나오면, "그 부분은 깊이 생각해보지 않았지만, 제 경험을 바탕으로 이렇게 접근할 것 같습니다."라고 답하자. 자신감 있는 태도와 진정성 있는 솔직한 답변은 긍정적 인상을 준다.

4) 면접, 설득의 무대

면접은 부담스러운 자리가 아니라 당신의 경력을 설득하는 기회다. 면접관은 당신이 회사에 어떤 가치를 더할지 궁금해한다. 긴장 대신, 자신의 스토리를 자신감 있게 풀어내자. 준비된 답변과 진정성이 합쳐지면, 면접은 단순한 문답이 아니라 당신의 가능성을 보여주는 무대가 된다.

진솔함과 자신감, 면접을 성공으로 이끄는 두 가지 열쇠

면접 자리가 편안한 자리는 결코 아니다. 하지만 그렇다고 해서 지나치게 어렵게만 생각할 필요도 없다. 면접은 단순한 질문과 답변의 시간이 아니다. 자신의 가치와 비전을 회사에 전달하는 중요한 기회이다. 면접은 당신의 경험과 역량이 회사에 어떤 긍정적 기여를 할 수 있는지 상대방에게 설명하고 설득하는 자리이므로, 결국 당신을 중심으로 대화를 풀어나가야 한다. 따라서 예상 질문에 대한 철저한 준비는 물론, 면접관이 듣고 싶어 하는 답변의 핵심을 정확히 파악하고, 그 내용을 당신의 경험, 경력, 그리고 진솔한 스토리에 녹여서 답변하는 것이 중요하다. 이를 위해서는 충분한 자료 조사, 실전과 같은 연습, 그리고 자신감 있는 태도가 뒷받침되어야 할 것이다.

면접은 단순히 질문에
답하는 자리가 아니다

채용 시장에서 면접은 단순히 질문에 답하는 절차가 아니다. 이는 기업과 지원자 간의 첫 공식적인 만남이며, 서로의 가치를 확인하고 가능성을 검증하는 중요한 과정이다. 특히 기업은 인재를 선별할 때 역량뿐만 아니라 태도, 자세, 마인드까지 함께 평가한다. 그런데 최근 한 면접장에서 "이제부터 천천히 생각해보려구요."라는 대답을 한 지원자가 있었다. 과연 이 한마디가 어떤 결과를 초래했을까?

헤드헌터의 역할과 면접 전 준비의 중요성

헤드헌터는 단순히 이력서를 전달하는 역할에 그치지 않는다. 고객사(기업)로부터 채용 의뢰를 받고, 해당 포지션에 적합한 인재를 찾아 제안하며, 후보자에게는 기업에 대한 소개와 면접 준비를 돕는다. 면접이 잡히면 시간, 장소, 형식, 준비 포인트 등을 상세히 안내하고, 후보자가 자신을 잘 어필할 수 있도록 조언한다.

이 과정에서 지원자는 기업에 대해 학습하고, 자신이 그 회사에 어떤 가치를 더할 수 있는지를 고민하며 준비한다. 보통은 산업 동향, 기업의 역사, 제품 및 서비스, 재무 상태, 조직 문화 등을 조사하고, 자신의 경험과 어떻게 연결할 수 있을지를 정리한다. 지원 동기, 입사 후 포부, 기여할 수 있는 부분에 대한 자기 나름의 논리와 근거를 마련하는 것이다.

"이제부터 천천히 생각해보려구요"의 의미

면접 도중 "회사에 입사하게 되면 어떤 기여를 할 수 있을까요?"라는 질문에, 위와 같은 답변을 한 지원자는 면접관에게 강한 부정적 인상을 남겼다. 이 말은 마치 '아직 회사에 대해 고민해보지 않았다'는 의미로 받아들여진다. 기업은 시간을 들여 채용 과정을 준비하고 면접 자리를 마련한다. 그런데 그 자리에 성의 없는 자세로 답변한다면, 이는 단순한 준비 부족을 넘어서 태도와 인성의 문제로 판단된다.

실제로 많은 기업이 채용 시 '직무 적합성'보다 '문화적 적합성(Cultural Fit)'을 더 중요하게 본다. 아무리 경력이 뛰어나더라도 조직에 잘 녹아들 수 있는 태도를 갖추지 못한 인재는 장기적인 성과를 기대하기 어렵기 때문이다. 그렇기에 면접관은 질문을 통해 지원자의 가치관, 마인드, 기업에 대한 이해 수준 등을 확인한다.

준비된 지원자들이 보여주는 차이

면접에 성실하게 임하는 지원자들은 철저한 준비로 기업을 감동시키기도 한다. 일부 지원자는 기업의 IR 자료, 신년사, 보도자료, 주요 뉴스 기사, 재무제표, 산업 분석 리포트 등을 미리 분석한다. 심지어 기업에 입사 후 자신이 이렇게 기여할 수 있을지 정리한 PPT자료를 만들어 오거나, 주가 흐름까지 숙지하고 오는 경우도 있다. 이처럼 준비된 자세는 단지 취업을 위한 형식적인 과정이 아니라, 해당 기업에 진정한 관심과 열정을 가지고 있다는 강력한 메시지를 전달한다. 이런 지원자는 기업 입장에서도 '뽑고 싶은 인재'로 보이기 마련이다.

채용 과정은 신뢰의 교환이다

헤드헌터 입장에서도 무성의한 지원자는 큰 리스크이다. 한번 기업에 부정적 평가를 받은 후보자는 다른 포지션에 재추천하기 어려워진다. 실제로

'다른 회사에도 추천하지 말라'는 요청을 받는 경우도 종종 있다. 이는 단순히 면접 탈락이 아니라, 산업 내에서의 신뢰 손실을 의미한다. 기업은 채용 과정에 시간과 자원을 투자한다. 면접관의 시간, 팀의 논의, 헤드헌터의 노력까지 포함해 하나의 채용은 매우 복합적인 작업이다. 따라서 지원자도 그에 상응하는 책임감을 가지고 면접에 임해야 한다. 회사는 단순히 지금의 실력만을 보는 것이 아니라, 함께 일할 수 있는 태도와 자세를 보는 것이다.

면접은 상호 존중의 자리다

면접은 일방적인 평가의 자리가 아니다. 회사는 인재를 평가하고, 지원자도 회사를 평가한다. 그러나 그 과정에서 지켜야 할 기본적인 예의와 성의가 있다. 준비 없이 면접장에 들어서는 것은 본인을 위한 시간도, 상대를 위한 배려도 아니다. 지원자는 '내가 아직 그 회사 직원도 아닌데 왜 준비해야 하나?'라는 생각을 버려야 한다. 그런 마인드는 기업에게는 오만함으로 비칠 수 있으며, 최종적으로는 자신의 기회를 스스로 걷어차는 결과를 낳는다. 채용은 신뢰를 바탕으로 한 계약이며, 면접은 그 신뢰를 확인하는 첫 관문이다.

보이지 않는 성실함의 전달

면접은 단순한 질문과 답변의 교환이 아닌, 태도와 준비성, 그리고 진정성이 드러나는 자리다. 채용 시장이 치열해질수록 기업은 더욱 정밀하게 사람을 본다. 역량도 중요하지만, 함께 일하고 싶은 사람이냐가 더 중요하다. "이제부터 천천히 생각해보려구요."라는 한마디는 단지 준비 부족이 아니라, 지원자로서의 기본적인 자세가 부족하다는 메시지를 줄 수 있다. 성실함과 열정은 눈에 보이지 않지만, 준비된 태도를 통해 충분히 전달될 수 있다.

5

면접에서 스토리텔링이
왜 중요한가?

취업 면접에서 첫인상은 단 몇 초 만에 결정된다는 말을 들어본 적 있을 것이다. 하지만 진정한 첫인상은 바로 '자기소개'에서 완성된다. 자기소개는 대부분의 면접에서 첫 질문으로 주어지며, 이후 면접의 흐름과 분위기를 결정짓는 핵심 요소다.

일반적으로 면접의 주도권은 면접관에게 있다고 생각하기 쉽다. 하지만 자기소개를 통해 면접의 방향을 내가 원하는 대로 유도할 수 있다면, 주도권은 자연스럽게 지원자에게로 넘어올 수 있다. 이런 면접 스킬은 단순히 연습을 통해 외우는 것이 아니라, 전략적인 스토리텔링과 커뮤니케이션 구조를 기반으로 한다.

자기소개는 면접의 '길잡이' 역할

면접관은 자기소개를 요청함과 동시에 지원자가 어떤 방향으로 면접을 이끌어 가려는지를 주의 깊게 살핀다. 이때 지원자가 단순한 이력 요약이나 천편일률적인 말로 시작하면, 면접관은 이력서를 바탕으로 추가적인 검증 질문을 던질 가능성이 높아진다. 반면, 자기소개 속에서 면접관의 호기심을 자극할 수 있는 키워드나, 강력한 경험 기반의 에피소드가 언급되면, 대화는 그 주제를 중심으로 자연스럽게 이어진다.

예를 들어, 마케팅 포지션에 지원한 지원자가 '비전공자임에도 불구하고 브랜드 매출을 약 35% 성장시킨 프로젝트를 주도한 경험'을 자기소개에 포함시킨다면, 면접관은 '비전공자가 어떻게 그 성과를 냈는가?', '어떤 전략을 활용했는가?'와 같은 꼬리질문을 할 수밖에 없다. 이는 곧, 지원자가 준비한 성공 사례와 핵심 역량을 강조할 수 있는 기회로 연결된다. 즉, 자기소개는 이력서 요약이 아니라 면접 흐름을 설계하는 도입부이자, 나를 브랜딩 하는 시작점이어야 한다.

자기소개 구성, 어떻게 해야 할까?

전문가들은 효과적인 자기소개를 위해 아래 3가지 요소를 중심으로 구성할 것을 권장한다.

1) 경력 요약 및 지원 동기

지금까지 어떤 경로를 거쳐왔는지 간결하게 소개하면서, 해당 포지션에 왜 지원했는지를 명확히 전달해야 한다. 이는 단순히 '관심이 있어서'가 아니라, 직무와 연관된 구체적인 이유를 제시해야 한다.

2) 핵심 성과 강조

직전 직장에서 이룬 수치 기반의 성과, 프로젝트 리더 경험, 문제 해결 사례 등 구체적인 근거가 있는 내용을 포함시키는 것이 중요하다. 이때, 너무 길게 설명하지 말고, 면접관이 궁금해할 만한 키워드를 던지는 방식이 효과적이다.

3) 회사에 기여할 수 있는 점

내 경험이 어떻게 이 회사에 기여할 수 있는지를 짧게 언급하며 마무리하는 것이 좋다. 기업이 찾고 있는 인재상과 자신의 역량을 연결 짓는 형태가 효과적이다.

내 이력서를 보는 사람은 누구일까?

이러한 자기소개 구조는 다수의 취업 컨설팅 및 HR 전문가들이 실제 면접 데이터와 면접관 피드백을 바탕으로 제시한 방식이다.

왜 스토리텔링이 중요한가?

스토리텔링은 면접에서 자신을 '기억에 남는 인재'로 각인시키는 데 탁월한 전략이다. 사람은 논리보다는 감정적 이야기에 더 깊이 반응한다. 즉, 이력서에는 단지 사실이 담겨 있다면, 자기소개에서는 그 사실을 감정적으로 입체화하여 전달해야 한다.

"제가 경험한 가장 도전적인 프로젝트는 고객 데이터 분석을 통해 신규 타겟군을 정의했던 일입니다. 기존 방식에선 성과가 정체되어 있었는데, 새로운 세그먼트를 제안하며 매출이 약 20% 이상 상승했습니다."

이처럼 하나의 경험을 이야기로 풀어내면, 면접관은 단순한 수치보다 '어떻게', '왜'라는 질문을 던지게 되고, 그 순간부터 면접의 주도권은 지원자에게 넘어간다.

진부한 자기소개가 불러오는 부정적 효과

반대로, "저는 책임감 있고 성실한 사람입니다. 항상 맡은 일에 최선을 다하며 팀워크를 중요시합니다." 같은 진부한 자기소개는 오히려 마이너스다. 면접관은 이런 말을 수없이 들어봤기 때문에, 실제로 무엇을 했는지, 어떤 성과가 있었는지 검증하려는 질문을 이어가게 된다. 이 경우, 지원자는 예상하지 못한 질문에 당황하거나, 자신의 경험을 연결하기 어려워 우물쭈물하는 상황에 놓일 수 있다. 결국 이력서에는 훌륭한 경력이 담겨 있어도, 면접에서 자신을 효과적으로 어필하지 못하면 좋은 결과로 이어지지 않는다.

자기소개를 넘어, 면접 전체의 전략이 필요하다

자기소개는 면접의 시작일 뿐이다. 면접 전체 흐름 속에서 내가 어떤 부분을 강조할지, 어떤 질문을 유도할지 전략적으로 준비해야 한다. 지원자는 자신이 하고 싶은 말을 어떻게든 꺼낼 수 있는 '길'을 만들어야 한다. 면접관의 질문이 내가 원하는 방향으로 흘러가도록 설계하는 것은 전적으로 지원자의 몫이다. 이를 위해서는 단순한 암기가 아닌, 실제 대화처럼 연습하는 과정이 필수적이다. 취업 컨설팅 전문가들 또한 실전형 모의면접을 반복적으로 시행해야 자연스러운 전달이 가능하다고 조언한다.

자기소개는 연습과 전략이 만드는 예술이다

면접의 주도권을 쥐기 위한 첫걸음은 자기소개이다. 이는 단순히 자신을 설명하는 시간이 아니라, 내가 원하는 흐름으로 면접을 이끌어가는 '설계의 순간'이다. 진부한 말 대신, 나만의 경험과 성과를 중심으로 스토리텔링을 구성하고, 면접관의 질문을 유도할 수 있는 키워드를 배치해야 한다. 단단하게 짜인 자기소개는 단순한 소개를 넘어 면접의 흐름을 좌우한다. 결국 면접에서 성공하는 사람은 말을 잘하는 사람이 아니라, 자신의 이야기를 전략적으로 설계할 줄 아는 사람이다.

내 이력서를 보는 사람은 누구일까?

면접관 머릿속에
본인을 각인시켜라

지원자는 많다. 그런데 왜 당신만 기억에 남지 않는 걸까?

"왜 면접에서 좋은 평가를 받지 못했을까?"

면접이 끝난 뒤, 많은 구직자들이 반복해서 던지는 질문이다. 자신감도 있고, 실력도 나쁘지 않았는데, 결과는 탈락. 문제는 실력 그 자체보다도 '면접관의 기억에 남았는가' 여부일 수 있다.

실제로 채용 과정에서 면접관은 몇 명의 후보자를 만나게 될까? 정확한 수치는 알 수 없지만, 보통 1명을 채용한다고 하면 채용 절차에 따라 그 배수가 필요하다. 최종 면접에서 2명을 면접 보고 선택을 한다고 하면, 1차 면접에서 최소 4~6명 이상을 만나야 2차 면접 2명을 선발할 수 있는 것이다.

기업 입장에시 최종 결정은 결국 '신명하게 기익 남는 사람'을 중심으로 이루어진다. 그렇다면 어떻게 해야 수많은 지원자 사이에서 돋보일 수 있을까?

실력 비슷하면 결국 '기억에 남는 사람'이 이긴다

면접관 입장에서 하루에 여러 명의 지원자를 상대하면, 누구나 비슷하게 보일 수밖에 없다. 스펙도 유사하고, 이력도 비슷하다면 결국 남는 건 말의 임팩트, 태도의 진정성, 그리고 적극성이다.

한 조사 보고서에 따르면, 채용 결정에 영향을 미치는 비기술적 요소

(Soft Skill)로 의사소통력(81.2%), 태도 및 성실성(76.4%), 기업 이해도 (68.7%) 등이 실력이나 경력 못지않게 중요하게 작용한다고 분석했다.

특히 면접 말미에 주어지는 '하고 싶은 말' 시간은 매우 결정적인 순간이다. 이때 "무조건 열심히 하겠습니다." 같은 판에 박힌 멘트는 아무런 인상을 주지 못한다. 오히려 이런 말은 면접관 입장에서는 하루에도 수십 번 들은 지겨운 표현이다.

면접관 기억에 남는 한마디, 이렇게 만들자

1) 회사에 대한 구체적 이해를 드러내라

단순히 '이 회사가 좋아서 지원했다'가 아니라, 구체적인 이유를 말해야 한다. 예를 들어 해당 기업이 운영 중인 서비스에 대한 체험 후기, 직접 사용해본 경험을 진솔하게 이야기하면 진정성이 드러난다. "귀사의 A 서비스를 자주 사용하면서 느낀 점은 이런 부분에서 인상적이었고, 이를 더 발전시키는 데 제가 기여하고 싶습니다."라는 식의 언급은 회사 내부자 입장에서 호감이 갈 수밖에 없다.

2) 직접 현장을 찾아가 본 경험을 이야기하라

유튜브 채널, 회사 소개 영상, 블로그, 최근 언론 보도 등에서 정보를 얻는 것도 좋지만, 실제 발품을 팔아본 사람은 그 자체로 차별화된다. 예를 들어 '퇴근 시간에 맞춰 회사 앞을 찾아가 퇴근하는 직원에게 간단히 질문하고 인터뷰를 해봤다.'라는 언급은 면접관에게 강한 인상을 남긴다. 이는 단순한 정보 수집이 아닌, 진심과 열정을 드러내는 행동이기 때문이다. 실제로 '현장 감각'과 '직접 경험'은 서류나 말로는 쉽게 전달되지 않는 강력한 메시지를 담고 있다.

면접 준비, 온라인으로만 끝내지 마라

요즘 대부분의 면접 준비는 온라인에 의존한다. 유튜브로 면접 팁을 듣고, 채용 사이트에서 기업 정보를 검색하고, 커뮤니티에서 후기를 찾아보는 식이다. 하지만 모든 지원자가 똑같은 정보를 보고 있다면, 결국 모두가 비슷한 말만 하게 된다. 그래서 실제 면접장에서 "지원 동기는요…"라고 말하는 순간, 면접관은 이미 다른 지원자와 겹치는 느낌을 받게 된다. 오프라인의 리얼한 경험, 나만의 스토리, 이것이 기억에 남게 만드는 핵심이다. 사전에 실제 직무를 체험한 지원자는 면접에서 더 좋은 평가를 받을 가능성이 높다는 조사 결과도 있다.

실력 부족은 커버할 수 있다, 방법은 태도와 진정성

모든 지원자가 완벽한 경력을 갖고 있진 않다. 실력이 부족할 수 있고, 경험이 부족할 수도 있다. 그러나 그런 경우라도 적극성, 배움의 자세, 실행력은 충분히 커버할 수 있는 장점이다. 중요한 건, 그 태도가 말뿐이어선 안 된다는 점이다. "배우고 싶습니다."보다는 "그래서 이런 걸 먼저 시도해 봤습니다."가 훨씬 강한 인상을 남긴다.

마무리 면접, '한마디'에 모든 것이 달렸다

면접이 끝날 무렵, 마지막 발언 기회는 기계적으로 준비한 멘트를 외우는 시간이 아니다. 오히려 이 순간이 가장 '개인적인 시간'이다. 기업이 아니라, 면접관 한 사람 한 사람에게 '내가 어떤 사람인지'를 각인시키는 순간이다. 그 한마디로 면접관의 머릿속에 박힐 수 있다면, 그 면접은 성공적일 것이다.

7

면접 시 대외비 질문,
어떻게 대응해야 할까?

    면접을 보다가 당황스러운 질문을 받은 적이 있는가? 특히 동종 업계로 이직할 경우, 면접관이 현재 재직 중인 회사의 내부 정보를 캐묻는 경우가 종종 있다. "현재 프로젝트는 어떤 방식으로 진행되나요?", "경쟁사 대비 강점은 무엇인가요?" 겉으로는 단순한 업무 이해를 위한 질문처럼 보이지만, 실상은 대외비 정보를 얻으려는 의도가 숨어 있을 수 있다. 이럴 때 우리는 어디까지 답변해야 할까? 정답은 명확하다. 공개된 정보까지만 답변하고, 내부 정보는 절대 공유하지 않는 것이 원칙이다. 이는 단순히 도덕적 문제를 넘어 법적인 문제로 이어질 수도 있기 때문이다.

대외비 질문, 어떻게 대응해야 할까?

    일반적으로 뉴스, 신문 기사, 공식적으로 발표된 내용은 설명을 덧붙여도 괜찮다. 하지만 내부 실무자가 아니면 알 수 없는 정보, 프로젝트 진행 방식, 전략, 내부 보고서 등의 내용을 공유하는 것은 위험하다. 만약 면접관이 집요하게 질문을 이어간다면 단호하게 "해당 내용은 대외비라 답변드리기 어렵습니다."라고 말하는 것이 최선이다. 물론, 이러한 답변을 하면 탈락할 가능성이 높아질 수도 있다. 하지만 그런 회사는 입사 후에도 윤리적인 문제를 일으킬 가능성이 크다. 결국, 본인의 커리어를 위해서라도 원칙을 지키는 것이 중요하다.

내 이력서를 보는 사람은 누구일까?

실제로 한 후보자는 면접 중 현재 진행 중인 프로젝트에 대해 집요한 질문을 받았다. 해당 프로젝트는 경쟁사가 진행하는 신규 사업이었고, 외부에 공개되지 않은 상태였다. 그는 "이 내용은 아직 공개되지 않았고, 대외비라서 답변드릴 수 없습니다."라고 단호하게 답했다. 결과는 탈락. 씁쓸한 일이지만, 면접 중에도 불쾌한 상황이었고, 이후 인사팀에 해당 내용을 전달했다. 인사팀은 현업 부서에 면접 시 주의할 것을 전달하겠다고 했지만, 실제로 개선되었는지는 알 수 없었다.

이처럼 일부 기업에서는 면접을 빙자해 경쟁사의 정보를 수집하려는 시도를 한다. 하지만 이를 거절한다고 해서 본인의 가치가 떨어지는 것은 아니다. 오히려 윤리적인 태도를 유지하는 것이 장기적으로 더 좋은 평가를 받는 데 도움이 된다.

비윤리적인 면접 사례 : 어디까지 가봤니?

비단 대외비 질문뿐만이 아니다. 면접에서 종종 비윤리적인 사례가 발생한다.

1) PT 면접에 팀원 전체가 참관하는 기이한 상황

한 후보자는 1차 면접에서 PT 발표를 요청받았다. 기존 업무 내용과 경력을 요약하는 일반적인 발표였다. 그런데 면접에 팀장뿐만 아니라 해당 팀원 전부 참석했다. 발표는 면접관들이 진행했지만, 팀원들이 경쟁사 업무 내용을 경청하는 상황이 펼쳐졌다. 결국, 이 후보자는 탈락했고 해당 내용을 인사팀에 전달하게 되었다.

2) 포트폴리오를 가장한 자료 요구

또 다른 사례는 면접관이 포트폴리오 외에도 현 회사에서 사용하는 보고서나 기획서를 요청하는 경우다. 명목상으로는 '보고서 작성 능력을 확인하기 위해'라고 하지만, 실상은 경쟁사의 자료를 확보하려는 의도로 보인다. 이런 요청을 받을 경우, 반드시 민감한 정보를 삭제하고 제출해야 한다(중요한 내용, 숫자 등은 삭제, 가림처리 후 제출).

면접관의 역할과 기업의 책임

이러한 비윤리적인 면접이 반복되는 이유는 기업 내부에서 이를 방지하려는 노력이 부족하기 때문이다. 특히 인사팀은 단순히 채용을 진행하는 역할을 넘어, 채용 과정에서 문제가 발생하지 않도록 점검하고 개선하는 역할도 수행되어야 한다.

아무리 강조하고 교육을 해도, 면접이란 상황에서는 면접관의 말 한마디가 갑질로 이어질 수 있으며, 면접 과정에서의 부적절한 질문과 요구는 기업의 브랜드 이미지에도 악영향을 미칠 수 있다. 면접을 보러 온 후보자가 단순히 탈락하는 것으로 끝나는 것이 아니라, 해당 기업에 대한 부정적인 인상을 가지고 온라인 커뮤니티나 SNS를 통해 공유할 수도 있다. 채용 시장에서의 기업 평판은 한순간에 무너지게 되는 것이다.

이제는 올바른 면접 문화가 정착되어야 한다

기업이 우수한 인재를 채용하려면, 먼저 윤리적인 채용 문화를 확립해야 한다. 면접은 단순히 기업이 후보자를 평가하는 자리만이 아니라, 후보자도 기업을 평가하는 자리다. 면접 과정에서 후보자가 부적절한 질문을 받았다면, 그 기업이 과연 일하기 좋은 환경인지 다시 한번 생각해보아야 한다. 면접을 준비하는 사람이라면, 대외비 정보를 지키는 것이 곧 자신의 커리어를 지키는 길임을 명심해야 한다. 그리고 기업이라면, 단기적인 정보 확보보다는 장기적인 신뢰를 구축하는 것이 더 큰 경쟁력이 될 수 있음을 깨달아야 한다.

내 이력서를 보는 사람은 누구일까?

8

면접에 정답은 없다

압박 면접보다 중요한 건 생각을 말하는 힘

취업 면접을 앞둔 많은 지원자들이 가장 크게 오해하는 것 중 하나는 '면접에는 정답이 있다'는 생각이다. 물론 전공 지식이나 기술 역량을 평가하는 일부 질문에는 정해진 답이 있을 수 있다. 그러나 대부분의 질문은 정답을 요구하기보다는, 지원자가 어떤 관점과 논리로 문제를 바라보고 해결하려 하는지를 확인하는 과정이다. 실제로 많은 면접관들은 지원자의 답변보다 '그 답을 왜 그렇게 생각했는지'를 더 중요하게 본다. 질문을 통해 단편적인 지식보다는 지원자의 사고력, 커뮤니케이션 능력, 문제 해결 방식을 파악하려는 것이다.

정답을 말하기보다 '왜 그렇게 생각했는가'를 설명하라

면접 질문에 대해 기계적으로 준비된 정답을 줄줄 말하는 지원자들이 있다. 이는 오히려 역효과를 낳을 수 있다. 면접관이 원하는 것은 교과서적인 답이 아니라 지원자만의 관점이다.

예를 들어 "팀 내 갈등 상황이 발생했을 때 어떻게 해결하겠는가?"라는 질문에 대해, "상대방의 입장을 이해하고 소통으로 해결합니다."라는 식의 답은 너무 일반적이고, 인상에 남지 않는다. 반면 '실제 프로젝트 중 겪었던 갈등 상황에서, 어떤 점이 문제였고, 어떻게 접근해 해결했는지'를 구체적인 사례와 함께 설명한다면, 훨씬 설득력 있는 답변이 된다.

4장 면접 가이드

141

면접관은 대부분 정답을 모르거나, 그 문제에 대해 고민 중인 상태일 수도 있다. 실제로 일부 면접관은 회사 내부에서 겪고 있는 문제에 대한 지원자의 시각을 듣고 싶어서 해당 질문을 던지기도 한다. 이럴 때 정답을 맞히려 애쓰기보다, 나의 생각을 논리적으로 정리하고 설명하는 능력이 중요하다.

'틀렸다'고 말하는 면접관, 그 자체가 기업 이미지다

문제는 일부 면접관의 부적절한 태도다. "그건 틀렸습니다.", "잘못 알고 있네요."와 같은 말로 지원자의 생각을 부정하거나, 압박하는 스타일의 면접을 진행하는 경우가 아직도 존재한다. 물론 일부 기업에서는 압박 면접을 통해 지원자의 스트레스, 위기 대처 능력을 평가한다고 주장하지만, 이는 시대착오적인 방식이라는 지적이 많다.

최근 채용 문화에서는 면접이 일방적인 평가의 장이 아니라, 지원자와 기업이 서로를 알아가는 쌍방향 커뮤니케이션이라는 인식이 확산되고 있다. 기업의 면접 태도는 지원자에게 강한 인상을 남기며 그것은 고스란히 기업의 이미지로 이어진다. 특히 면접 경험은 지인에게 쉽게 공유되고, 취업 커뮤니티나 SNS를 통해 빠르게 확산된다. 면접 경험이 좋지 않았던 기업 제품은 소비하지 않게 되며, 이는 곧 브랜드 이미지, 제품 구매 결정에도 직결되는 중요한 요소가 된다.

인사팀의 책임 : 면접관 교육은 선택이 아닌 필수

면접관의 태도는 단순한 개인 성향의 문제가 아니다. 이는 결국 인사팀의 시스템 관리 능력, 교육 체계의 부재에서 비롯된 것이다. 특히 면접관의 언행이 기업 이미지에 어떤 영향을 미치는지를 사전에 인지시키고, 면접 매뉴얼과 커뮤니케이션 교육을 강화해야 한다. 많은 글로벌 기업들은 실제 면접관을 대상으로 '인터뷰 스킬 트레이닝'을 정기적으로 진행하며, 면접자가 편안하게 자신의 역량을 보여줄 수 있도록 배려하는 구조를 갖추고 있다.

실제 사례로 본 '태도가 만든 브랜드 이미지'

직접적인 경험을 예로 들면, 한 기업의 면접에서 대표이사를 포함한 면접관의 무례한 태도와 불친절한 말투로 인해, 지원자는 입사 의욕을 완전히 상실했다. 준비 과정에서 해당 기업의 제품을 직접 사용해보며 성의껏 준비했지만, 면접 이후 그 브랜드에 대한 이미지는 완전히 바뀌었고, 이후 해당 브랜드 제품은 두 번 다시는 구매하지 않았다는 사례도 있다. 이처럼 면접은 기업 브랜드의 최전선이다. 아무리 좋은 제품과 서비스를 가지고 있다 해도, 면접관 한 사람의 언행으로 인해 수년간 쌓아온 기업의 신뢰가 무너질 수 있다.

면접은 상하 관계가 아닌, 동등한 관계에서 시작된다

면접관과 면접자는 처음 만나는 낯선 관계일 뿐이다. 이 둘은 상하 관계가 아니며, 면접이라는 자리를 통해 서로의 가능성을 확인하는 동등한 입장에서 만난다. 지원자는 기업의 미래 인재일 수 있으며, 탈락하더라도 그 기업의 잠재 고객이 될 수 있다. 면접관은 이 점을 분명히 인식해야 하며, 존중과 배려를 바탕으로 한 면접 커뮤니케이션이 중요하다. 이는 단순한 예의 차원을 넘어, 장기적으로는 기업의 인재 확보 경쟁력, 브랜드 신뢰도, 고객 충성도와도 밀접하게 연결된다.

정답보다 중요한 것, 나의 생각과 태도

마지막으로 강조하고 싶은 점은, 면접에서 가장 중요한 것은 정답이 아니라 지원자의 생각을 어떻게 정리하고 표현하느냐는 것이다. 질문의 의도를 파악하고, 내 관점을 논리적으로 설명하는 연습이 필요하다. 이는 한두 번 연습으로 되는 것이 아니라, 반복적인 시뮬레이션과 피드백을 통해 자연스럽게 체득해야 한다. 지원자도 사람이고, 면접관도 사람이며, 낯선 자리에서 만난 사람들끼리의 대화다. 따라서 어느 누구도 완벽할 수 없으며, 중요한 것은 서로에 대한 존중, 그리고 열린 자세로 생각을 나누는 태도다.

압박 면접, 정말 필요한 걸까?
지원자를 떠나게 만드는 회사의 실수

면접이 불쾌한 경험이 된다면 누구에게도 도움이 되지 않으며, 기업 이미지 훼손은 물론 지원자이탈로 이어진다.

압박 면접은 면접관이 공격적인 질문으로 지원자의 반응을 살피는 방식인데, 이는 스트레스 대처 능력 테스트라기보다 면접관의 우월감을 채우는 행위일 수밖에 없다. 지원자는 단순한 구직자가 아닌 미래의 고객이자 파트너이다. 불쾌한 경험은 회사에 대한 부정적인 입소문으로 퍼져 기업의 브랜드 가치를 훼손하게 된다. 합격해도 면접 때문에 입사를 포기하는 경우도 상당히 많다.

압박 면접이 진짜 인재를 거른다는 주장은 오해이며, 오히려 감정을 숨기거나 싸움에 익숙한 사람을 뽑을 뿐이다. 입사 전부터 상처 준 회사에 애정을 갖기란 쉽지 않다. 면접은 서로를 알아가는 자리이지 감정 싸움이나 우월감을 나타내는 자리가 아니다. 회사의 조직 문화는 면접 자리에서도 나타난다. 압박 면접을 고수하는 기업은 보통 불신과 소통 부재가 만연하며 직원 이직률도 높을 수밖에 없다.

압박 대신 성숙한 질문이 필요하다. 제대로 준비된 질문과 피드백이 지원자의 진짜 역량을 보여준다. 이런 면접은 설령 탈락하더라도 회사를 좋게 기억한다. 결국 면접은 사람 대 사람의 존중이 중요하다. 면접관의 태도는 인사 담당자가 지속적으로 모니터링하고 개선해야 하며, 결정권자들이 나서서 사람을 존중하는 문화가 곧 경쟁력임을 깨달아야 한다.

5장

현실 고민

서류 마감일에 지원하는 것이 더 좋은가?

어디까지 고민해봤는가?

서류 마감일, 결과 지연, 입사 후 직무 변경까지

현실적인 고민은 생각보다 많다.

이 장에서는 실제 이직 과정에서 자주 마주치는

실전형 고민들을 함께 정리해본다.

채용 과정에서 생기는

수많은 애매한 순간,

어디까지 고민해봤는가?

서류 마감일, 결과 지연, 입사 후 직무 변경까지

현실적인 고민은 생각보다 많다.

이 장에서는 실제 이직 과정에서 자주 마주치는

실전형 고민들을 함께 정리해본다.

1

서류 마감일에
지원하는 것이 더 좋은가?

채용 마감일, 정말 그날까지 기다려도 괜찮을까?

채용 공고에서 서류 마감일이 적혀 있으면 대부분의 사람은 이렇게 생각한다. '그 날짜까지만 제출하면 되겠지.' 하지만 현실은 다르다. 마감일은 어디까지나 최종 기한일 뿐이고, 실제로는 그보다 훨씬 이른 시점에 채용이 마무리되는 경우가 많다. 특히 헤드헌터를 통한 채용이나, 기업 내부 사정에 따라 채용 속도가 빠르게 전개될 경우엔 더욱 그렇다.

기업 입장에서 채용은 시간을 끌고 싶지 않은 일이다. 좋은 인재가 눈에 띄는 순간, 그 후보자를 중심으로 전형이 빠르게 진행된다. 그리고 일단 면접자가 확정되면, 그 이후에 들어오는 이력서는 대부분 검토 대상에서 제외된다. 인사팀이 불필요한 혼선을 만들고 싶지 않기 때문이다. 이 때문에 많은 지원자들이 마감일 하루 전에 제출했다가 검토조차 받지 못한 채 탈락하는 경우가 허다하다.

헤드헌터 채용의 특성과 마감일의 의미

헤드헌터가 개입하는 채용의 경우, 마감일이 더더욱 무의미해지는 경우가 많다. 기업은 헤드헌터에게 채용 수수료를 지불하고 진행하기 때문에, 채용을 신속하게 마무리하길 원한다. 일정 기간 동안 적합한 인재가 오기만을 기다리는 여유가 없는 것이다. 즉, 좋은 인재가 나타나는 즉시 면접이 시작되고, 그 사람이 합격하면 채용은 곧바로 종료된다.

지원자들의 흔한 오해 중 하나는 '마감일 안에만 제출하면 된다'는 생각인데 실제로는 반대다. 채용은 실시간으로 움직이며 면접 일정이 확정되면 이후 들어오는 서류는 인사팀 책상에서 멈춰버린다. 면접자 중에서 최종 합격자가 나오면, 남은 이력서는 열어보지도 않고 '종료' 폴더로 들어간다.

기업 내부에서는 이런 흐름이 일반적이다. 현업 부서가 2~3명의 면접자를 선택하고 면접을 마친 뒤, 적합하다고 판단되면 바로 채용오퍼를 낸다. 인사팀은 그 시점부터 추가 서류를 열람할 이유가 없다. 누군가가 훨씬 더 좋은 이력서를 제출했더라도, 그 타이밍이 늦었다면 아무 의미가 없는 것이다. 마감일이 있다는 이유로 시간을 끌며 이력서를 정리하는 건 오히려 기회를 놓치는 행동일 수 있다. 지원하려는 결심이 섰다면, 최대한 빠르게 이력서를 제출하는 것이 바람직하다.

이력서 제출 타이밍의 심리전

지원자들은 종종 '너무 빨리 제출하면 진지하지 않다고 보일까?', 혹은 '마지막 날에 제출하면 더 눈에 띌까?'라는 생각을 한다. 마치 예전 라디오 방송국에서 엽서를 꾸미며 마지막 날에 접수하면 눈에 띈다는 착각처럼 말이다. 하지만 채용의 세계에선 전혀 그렇지 않다.

대부분의 인사팀은 빠르게 채용을 마무리하길 원하고, 현업 부서 역시 적합한 인재가 한두 명만 보여도 그 중에서 최종 후보를 결정하려는 경향이 있다. 이후에 들어오는 지원자는 아무리 뛰어난 경력과 실력을 갖고 있어도 이미 전형이 끝났기 때문에 자동 탈락 처리가 되는 것이다.

실제 사례도 많다. 한 지원자는 마감일 이틀 전 이력서를 제출했지만, 그 시점에서 이미 최종 면접 대상자가 확정된 상태였다. 그는 그 회사의 업무에 꼭 맞는 경력을 갖고 있었지만, 이미 면접자 진행으로 검토 받지 못하고 탈락처리가 되었다.

내 이력서를 보는 사람은 누구일까?

그렇다면 지원자는 언제 서류를 제출하는 것이 좋을까? 정답은 없다. 하지만 경험적으로 볼 때, 지원 결정을 내렸다면 최대한 빠르게 서류를 제출하는 것이 좋다. 서류를 늦게 제출하면 검토조차 받지 못하고 자동으로 탈락하는 경우가 많다. 실제로 면접자가 이미 결정된 후에 서류가 제출되면, 그 서류는 대기 상태가 되며 면접자 결과 여부에 따라 검토 여부가 결정이 된다.

기업은 지금 당장 채용을 마치고 싶다

인사 담당자의 입장에서 보면, 이미 인터뷰 일정을 잡은 후보자가 있는 상황에서 추가 서류를 검토하고 새로운 면접을 기획하는 것은 리스크이자 비효율이다. 채용은 언제나 가능하면 오늘 마치고 싶은 업무이지, 일주일 더 끌고 싶은 일이 아니다. 게다가 최근에는 AI 기반 서류 분석 시스템, 간편한 화상면접 도구, 비대면 인터뷰 플랫폼의 확산 등으로 인해 기업의 채용 속도는 과거보다 훨씬 빨라졌다. 시간적 여유를 가지고 지원서를 제출하겠다는 생각을 버리는 것이 현명하다.

결론적으로 가장 좋은 타이밍은 '지금'이다

지원 타이밍은 생각보다 훨씬 중요하다. 채용은 경쟁이며, 타이밍도 경쟁 요소 중 하나다. 마감일을 기준으로 삼기보다는, 채용 공고를 확인하고 최대한 빠르게 지원 여부를 결정하는 것이 좋다. 지원을 결정했다면, 머뭇거리지 말고 이력서를 정리해서 바로 제출하자. 그래야 최소한 검토라도 받을 수 있다. 채용 시장은 점점 더 빠르게 움직이고 있다. 기업은 더 이상 좋은 인재를 기다려주지 않는다. 가장 먼저 도착한 사람이 가장 먼저 면접 기회를 받고, 그 중에서 적합하다고 판단되면 그걸로 채용은 끝난다. 회사도, 헤드헌터도, 그리고 당신도 시간을 낭비하고 싶지 않을 것이다. 채용은 빠르게 돌아가는 레이스이며, 먼저 도착한 사람이 더 많은 기회를 가진다.

2

서류 결과가
늦어지는 이유는?

"결과 나왔나요?"

짧은 문장 하나가 메시지로 도착할 때마다, 그 안에 담긴 간절함이 느껴진다. 헤드헌터로서 서류를 보낸 뒤 가장 많이 받는 질문이기도 하다. 그러나 이 질문은 단순한 확인이 아니라, 결과를 기다리는 긴장된 시간과 마음이 고스란히 담긴 신호다.

헤드헌터도 기다리는 사람이다

서류를 기업에 전달하고 나면, 사실 헤드헌터 역시 지원자만큼이나 초조해진다. '이번 후보자는 꼭 면접까지 가야 한다'고 생각하며, 하루에도 몇 번씩 메일함을 확인한다. 하지만 인사 담당자에게 매일매일 연락할 수는 없다. 채용은 기업 내부 일정과 의사결정 구조, 그리고 수많은 우선순위 속에서 돌아가는 과정이기 때문이다.

물론, 서류 결과가 매우 빠르게 나오는 회사들도 존재한다. 심지어 당일 합격 또는 불합격 통보를 주는 경우도 있다. 이러한 회사의 경우, 서류 검토 결정권자가 신속하게 업무를 처리하고 있으며, 그만큼 많은 권한을 가지고 있다는 것을 의미한다. 자신의 판단에 따라 빠르게 결정을 내릴 수 있는 시스템이 갖춰져 있기 때문이다. 마치 고속도로를 질주하는 자동차처럼, 채용 프로세스 역시 막힘없이 빠르게 진행되는 것이다.

5장 현실 고민

153

하지만 일반적인 경험상, 서류 검토 기간은 약 3주 내외 소요되는 경우가 많다. 인사팀에서 며칠 동안 접수된 서류를 모아 1차적으로 인사팀장이 필터링을 거친 후, 해당 부서로 서류를 보내 2차 검토를 진행하는 데 또 며칠이 걸린다. 최종적으로 면접 진행자와 탈락자를 결정하여 결과를 다시 인사팀으로 전달하기까지 통상적으로 2~3주의 시간이 걸리는 것이 일반적인 흐름이다. 여기에 팀장, 실장, 본부장 등 복수의 검토자가 관여하게 되면 의사결정 속도는 더욱 늦어진다.

빠른 회사와 느린 회사, 그 차이는 구조에 있다

물론 예외는 있다. 빠른 회사는 당일 또는 3일 내로 결과가 나오는 경우도 많다. 보통 이런 경우는 채용 결정권자가 서류만 보고도 채용 여부를 판단할 수 있는 조직 구조를 갖고 있는 곳이다. 대표이사나 본부장이 채용을 직접 주도하는 경우, 의사결정 속도는 매우 빠르다. 반면, 서류 검토가 3~4주 이상 걸리는 기업도 있다. 조직 개편으로 결정권자가 바뀌었거나, 갑작스런 내부 이슈(ex: 프로젝트 일정, 대내외 행사, 임원 인사 등)가 발생했을 가능성이 높다. 실제로 주요 기업들 중 일부는 상반기 채용 일정을 돌연 연기하거나, 부서를 통합하며 진행 중이던 채용 자체를 중단한 사례도 종종 있다.

너무 빠르거나 느린 결과, 그 이면의 의미

서류 결과가 너무 빠르게 나왔다면 두 가지 가능성이 있다.

첫째, 지원자 프로필이 포지션과 너무 잘 맞아서 즉시 면접으로 넘어간 경우

둘째, 반대로 전혀 맞지 않다고 판단되어 빠르게 탈락 처리된 경우

반대로, 너무 느린 반응은 확실한 탈락 신호일 가능성도 있지만, 실제로는 고민 중인 경우가 더 많다. 복수의 후보자 중 최종 1명을 고르기 위해 내

부 조율 중이거나, 내부 스펙 조정(ex: 경력 7년 → 5년) 중일 가능성도 있다. 그러니 단순히 늦는다고 해서 포기할 필요는 없다.

왜 이렇게 시간이 걸릴까?

지연은 지원자의 자질과 꼭 관련 있는 건 아니다. 서류 검토 시간이 길어지는 데는 여러 요인이 작용한다.

1) **지원서 양** : 인기 있는 직무는 수백 건의 이력서를 끌어 모은다. 이를 하나씩 검토하려면 시간이 필요하다.
2) **내부 프로세스** : 체계적인 채용 절차를 가진 회사는 여러 검토 단계를 거친다. 공공기관이나 정부 관련 직무는 더욱 엄격한 심사를 거쳐 시간이 오래 걸린다.
3) **예기치 않은 변수** : 회사 내부 사정은 예측하기 어렵다. 담당자가 휴가 중이거나, 부서가 재편성되거나, 예산 승인이 늦어질 수 있다.
4) **신중한 검토** : 특히 고위직이나 전문 직무는 신중한 검토가 필요하다. 이 과정은 답답할 수 있지만, 회사 입장에서는 적합한 인재를 찾기 위한 노력이다.

오래 걸린다고 꼭 나쁜 건 아니다

결과가 늦어지면 불합격이 다가오는 듯 느껴지지만, 항상 그런 건 아니다. 지연은 종종 물리적인 이유나 회사 사정 때문일 뿐, 지원자를 무시하는 건 아니다. 다만, 한 달을 훌쩍 넘는 경우라면 해당 직무의 우선순위가 낮거나 내부 결정이 늦어지고 있을 가능성이 있다. 반대로, 너무 빠른 응답이 꼭 좋은 것도 아니다. 빠른 거절은 까다로운 선별 기준을, 빠른 합격은 급한 채용 필요를 뜻할 수 있다. 중요한 건 시간 자체보다 맥락을 읽는 것이다.

지원자와 헤드헌터 모두가 버티는 시간

헤드헌터는 중간에서 기업과 지원자의 균형을 맞추며 기다린다. 회사에 수시로 연락해 진행 상황을 확인하고, 변화가 있으면 바로 지원자에게 알린다. 매일 인사 담당자를 재촉할 수는 없지만, 결과에 대한 열망은 지원자 못지않다. 피드백이나 지연 소식이 오면 즉시 지원자에게 전달해 불확실성을 덜어준다. 이 역할은 섬세함을 요구한다. 헤드헌터는 여러 지원자와 직무를 동시에 관리하며, 과도한 문의로 회사와의 관계를 해치지 않도록 주의한다. 경험을 바탕으로 언제 묻고 언제까지 기다릴지 판단하며, 지원자가 소외되지 않도록 최선을 다하며 피드백이 나오는 즉시 전달하고 정리하는 것이 일반적이다.

기다림의 여정, 더 현명하게 준비하자

기대는 되지만, 실망도 염두에 두고 기다리는 시간. 이건 지원자뿐 아니라, 그 상황을 함께 지켜보는 헤드헌터에게도 동일한 감정이다. 서류 검토 기간은 모두에게 인내의 시간이다. 지원자는 다음 단계를 꿈꾸고, 헤드헌터는 노력의 결실을 바란다. 회사는 신중한 선택을 위해 애쓴다. 1주일 만에 오는 빠른 답변부터 1개월 넘게 걸리는 긴 기다림까지, 시간은 다양하다. 그 속의 이유를 이해하면 답답함이 조금은 줄어든다. 빠른 결과를 고집하기보다는 기다림을 여정의 일부로 받아들이고, 침착하게 다음 준비를 하는 것이 더 현명한 방법일 것이다.

3

채용 과정 중
언제 멈춰야 하는가?

채용 과정 중 그만둬야 할 순간은 언제일까?

지원서도 통과했고 면접도 무난히 봤다. 하지만 마음속 어딘가에서 이런 생각이 들기 시작했다. '과연 이 회사로 이직하는 게 맞을까?' 채용 과정에선 이런 순간이 불쑥 찾아온다. 이직은 선택의 문제이지만, '언제 그 선택을 멈춰야 할지'에 대한 감은 누구도 명확히 알려주지 않는다. 그래서 많은 사람들이 고민 끝에 GO와 STOP 사이에서 길을 잃는다.

여러 회사에 지원하는 건 당연한 일

이직을 준비하는 사람 대부분은 한 회사에만 지원하지 않는다. 잡코리아, 사람인, 원티드, 링크드인 등 여러 플랫폼을 통해 다양한 포지션에 이력서를 제출하고, 동시에 여러 회사에서 연락을 받게 된다. 특히 요즘처럼 채용 진행이 편리한 상황에선 단기간 내에 서류 합격, 면접 요청이 이어지고 어느 순간 복수의 회사와 채용 절차가 겹치는 경우도 많다.

이 과정에서 마음이 떠나는 회사가 생기기 마련이다. 실제 업무 내용이 기대와 다르거나, 회사 문화가 내 성향과 맞지 않는다는 걸 면접 준비나 리서치 과정에서 깨닫기도 한다. 또는 타사에서 더 나은 조건의 오퍼를 받기도 한다.

탈락보다 더 빠르게, 내가 포기하는 결정

채용은 '합격 / 불합격'의 흑백 논리만 존재하지 않는다. 지원자 역시 '포기'라는 선택지를 갖고 있다. 그리고 그 포기는 빠르게 결정하고 전달하는 것이 상대방에 대한 예의이다. 서류 전형을 통과한 뒤, 면접 일정 조율 중이라면 그 시점이 STOP을 눌러야 할 적기다. '한 번쯤 면접은 봐야지.'라는 생각으로 의미 없는 면접을 보는 순간, 시간도 에너지도 낭비된다. 면접은 회사를 평가하는 자리이기도 하지만, 마음이 이미 떠났다면 그 의미도 퇴색된다.

언제까지는 STOP을 눌러도 괜찮을까?

보통 채용 프로세스는 서류 → 1차 면접 → 2차 면접(혹은 임원면접) → 처우 협의 → 최종 입사 결정 순으로 이어진다. 이 중 서류와 1차 면접까지는 포기해도 큰 혼선이 없다. 하지만 2차 면접 이후, 특히 처우 협의까지 진행된 뒤에는 더는 단순한 포기가 아니라 '관계의 종료'를 의미한다. 이 시점까지 왔다면, 이미 회사는 당신을 채용 후보 우선순위로 고려하고 있을 가능성이 높다. 내부적으로 팀도 꾸리고, 입사 일정도 조율 중일 수 있다. 그런데 갑작스럽게 "죄송하지만 진행하지 않겠습니다."라는 말 한마디로 마무리한다면, 그 여파는 크다.

입사 포기, 이렇게 전달하는 것이 예의다

포기해야 할 상황이라면, 그 시점이 언제든 '최대한 빠르게' 의사를 전달해야 한다. 말 한마디가 큰 예의를 만든다. 이메일이나 문자 메시지 한 통에도 진심을 담아 전달하면, 그 결정은 오히려 좋은 인상을 남길 수 있다.

"안녕하세요, 채용 과정에서 좋은 기회를 주셔서 감사합니다. 면접을 통해 많은 고민을 했고, 내부적으로도 다양한 가능성을 검토했습니다. 하지만 현재 제 커리어 방향과는 조금 결이 다르다는 판단이 들어 이번 채용을 고사하게 되었습니다. 다시 한 번 기회 주신 점, 진심으로 감사드립니다."

이 정도만 되어도 '그 사람, 끝까지 매너 있었어.'라는 평가는 따라온다.

입사 당일 포기? 채용 생태계 전체를 흔드는 일

헤드헌터로 일하다 보면 황당한 경우도 많다. 입사일 아침, 문자 한 통으로 입사를 포기하는 사람도 있다. 특히 처우 협의까지 마무리된 상태였다면, 회사와 헤드헌터는 그 지원자의 입사를 기정사실로 믿고 준비해온 것이다.

채용은 보통 한 사람을 뽑기 위해 최소 3개월 이상이 소요된다. 서류 검토부터 면접 세팅, 처우 논의까지 이어지는 모든 과정에 많은 사람이 투입된다. 그리고 입사자가 확정된 순간부터는 그 사람을 기준으로 업무 분배, 온보딩 계획, 팀 세팅 등이 맞춰진다. 그런데 마지막 순간 '입사 안 하겠다'는 선택은 단순한 한 사람의 취소가 아니라, 여러 사람의 시간과 노력을 한 순간에 무너뜨리는 일이다. 그런 지원자는 향후 또 다른 포지션 추천에서 배제되는 경우가 많다. 업계는 좁고, 사람은 오래 기억한다. 실력의 문제가 아니라, 인성, 매너의 문제이다.

채용 과정도 결국은 관계다

입사하지 않아도 된다. 선택은 언제든 바뀔 수 있다. 하지만 중요한 건 그 선택을 전달하는 방식이다. 채용은 결국 사람과 사람 사이의 관계에서 이루어진다. 포기할 거라면, 포기의 방식에도 책임이 따르며 예의가 있어야 한다. 진심을 담은 말 한마디가 관계를 지켜주고, 나의 다음 커리어에 긍정적인 흔적을 남긴다. 본인의 결정으로 합격할 수 있었던 많은 지원자가 탈락의 결과를 받았을 수도 있다.

4

퇴사 통보부터 입사일까지,
얼마나 빠르게 정리해야 할까?

이직을 결정하고 최종 입사 확정까지 받았는데, 막상 마지막 정리 단계에서 일이 꼬이기 시작한다. 퇴사 통보는 어렵고 인수인계는 길어지고, 새 회사의 입사일도 자꾸 미뤄진다. 이직 과정에서 가장 중요한 시점은 바로 이 '마지막 구간의 속도'다. 깔끔하게 정리하고 신속하게 새 출발하는 것이 커리어를 지키는 방법이다.

이직의 마지막 단계, 갈등의 시작

이직을 마음먹고, 새 회사와 처우 협의를 마무리했다. 최종 합격 통보를 받는 순간, 설렘과 긴장이 교차한다. 하지만 이제 진짜 도전이 시작된다. 현 회사에 퇴직을 알리고, 업무를 정리하며, 새 회사에 입사하는 과정. 이 단계는 종종 예상치 못한 갈등과 불편함을 동반한다.

퇴직 통보는 누구에게나 어색하다. 상사는 만류하거나, 퇴직 면담을 미루거나, 심지어 퇴직일을 확정하지 않아 일이 질질 끌릴 수 있다. 동료들과의 관계도 미묘해진다. 눈치 보면서 보내는 하루하루는 피곤하고 불편하다. 퇴직 통보 후 직원들이 느끼는 심리적 압박이 업무 효율을 떨어뜨린다는 보고도 있다. 이런 상황에서 시간을 끌면 스트레스만 쌓인다. 빠르고 명확한 정리가 필요한 이유다.

내 이력서를 보는 사람은 누구일까?

160

이직 결정 후, 가장 먼저 할 일

이직을 하기로 결정했다면, 다음 수순은 명확하다. 현 회사에 퇴사 의사 전달 → 업무 인수인계 → 새로운 회사 입사. 이 세 단계를 얼마나 빠르고 정확하게 마무리하느냐에 따라 이직의 인상도 달라진다.

하지만 현실은 쉽지 않다. 퇴사를 통보한 순간부터 불편한 눈치, 퇴직 만류, 면담 회피, 퇴직일 확정 지연 등 복잡한 상황이 펼쳐진다. 이때 중요한 건 더 이상 흔들리지 않는 태도와 정리의 속도다. 한번 퇴사를 마음먹었다면, 지금 받는 조건이상을 제시하며 잔류를 설득하지만 흔들릴 필요 없다. 대부분 그런 조건은 퇴사 방어용 일시적 제안에 불과하고, 이후 오히려 조직 내 입지와 평가에 손해가 되는 경우가 많다.

퇴직 통보, 빠르게 그리고 단호하게

퇴직을 알리는 순간, 이미 마음은 현 회사를 떠난 상태다. 이때 상사가 더 나은 조건을 제시하며 붙잡을 수 있다. 연봉 인상, 승진 약속 같은 제안은 달콤해 보인다. 하지만 이런 제안을 받아들이고 새 회사 입사를 철회하는 건 신중해야 한다. 퇴직 의사를 밝힌 직원을 장기적으로 신뢰하기 어려운 게 현실이다.

퇴직 통보 후 잔류한 직원의 60% 이상이 1년 내 다시 이직을 고려한다는 조사도 있다. 일단 퇴직을 결정했다면, 빠르고 단호하게 정리하는 게 좋다. 떠나기로 결정했다면 미련을 남기지 않고 다음 단계로 나아가는 것이 현명하다. 퇴직 통보는 구체적으로 전달해야 한다. '며칠까지 근무하고 퇴사하겠다'는 명확한 일정을 제시하고, 이를 구두뿐 아니라 메일이나 전자 결재로 문서화하자. 이는 나중에 오해나 분쟁을 방지할 수 있다. 또한, 연차나 휴가를 수당으로 받을지, 근무일로 소진할지 미리 결정하자. 이런 세부 사항을 명확히 하면 퇴직 과정은 매끄럽다.

인수인계, 꼼꼼히 하지만 신속하게

퇴직 통보 후 가장 중요한 건 업무 인수인계다. 누군가 올 때까지 기다리며 인수인계를 미루는 건 현명하지 않다. 오히려 어떤 사람이 오더라도 문제가 없게끔 자료와 매뉴얼을 남겨두는 방식이 훨씬 현명하다. 퇴사일이 늦춰질수록, 자신도 불편하고 회사도 곤란해진다.

인수인계는 후임자가 언제 오더라도 업무를 이해할 수 있도록 꼼꼼히 정리해야 한다. 주요 업무 리스트, 진행 중인 프로젝트, 관련 파일, 그리고 세부 지침을 문서로 남기자. 이 문서를 1차 상사에게 보고하고 확인받으면, 나중에 불필요한 오해를 줄일 수 있다. 인수인계는 단순히 의무가 아니다. 이는 현 회사에서의 마지막 인상을 좌우한다. 동료와 상사가 "그 사람, 깔끔하게 정리하고 갔지."라고 기억한다면, 미래의 레퍼런스 체크에서도 유리하다.

필요 서류, 미리 챙기자

이직이나 퇴직을 경험해 본 사람이라면 알겠지만, 인사팀의 업무 처리가 생각보다 더디게 진행될 수 있다. 인사팀 역시 다양한 업무를 처리해야 하며, 퇴직자 한 명만을 위해 긴급하게 업무를 처리해 주지는 않는다. 따라서 퇴직 의사를 명확하게 전달하고, 퇴직일을 구두뿐만 아니라 문서(메일, 전자결재 등)로 남겨 근거를 확보하는 것이 중요하다. 마치 중요한 약속은 문서로 남겨야 확실한 것처럼 퇴직 관련 내용 역시 명확한 기록을 남겨야 불필요한 오해를 방지하는 것이 좋다.

퇴직 전 반드시 챙겨야 할 게 있다. 경력 증명서, 급여 명세서, 연봉 계약서 같은 서류들. 이런 서류는 퇴직 후 필요할 때가 많지만, 나중에 요청하면 회사에서 우선순위로 처리하지 않는 경우가 허다하다. 인사팀은 퇴직자를 위해 급히 움직이지 않는다. 이미 떠난 사람에게 친절을 베풀 동기도 적다(심지어, 발급 안 해주는 회사도 있다).

내 이력서를 보는 사람은 누구일까?

서류 요청도 퇴직 통보 직후, 인사팀과 면담할 때 바로 꺼내자. 필요한 서류 목록을 미리 정리해 전달하면, 인사팀의 업무 부담도 줄고 처리 속도도 빨라진다. 이는 작은 일이지만, 퇴직 후 불편을 줄이는 현명한 준비다.

퇴사일과 입사일, 공백 없이 이어져야 하는 이유

짧게 쉬고 입사하고 싶은 마음, 당연히 이해된다. 그러나 현실은 다르다. 긴 공백은 새 회사에 오해를 낳는다. '다른 회사와 저울질하는 건가?', '입사 의지가 약한 건 아닌가?' 같은 불안이 생길 수 있으며 의심을 하게 된다.

특히 2주 이상 공백이 생기면 신뢰가 흔들리기 시작한다. 입사 전 마지막 단계에서 신뢰가 깨지면, 함께 일하기 전부터 불편한 인상을 줄 수 있다. 이미 입사를 결정했다면 불필요한 오해를 살 만한 행동은 피하는 것이 좋다. 그래서 입사일은 최대한 빠르게, 공백 없이 설정하는 것이 좋다. 물론 정말 휴식이 필요하다면, 솔직하게 1주일 정도의 여유를 요청하고, 입사일을 확정하는 것이 좋다. 불투명한 여유는 의심을 낳지만, 명확한 소통은 신뢰를 만든다.

좋은 이직이란, 깔끔한 마무리에서 완성된다

이직이란 단순히 회사만 바뀌는 일이 아니다. 한 조직과의 관계를 마무리하고, 새로운 조직과의 관계를 시작하는 과정이다. 만남이 있으면 이별도 있고 헤어짐도 있는 것은 자연스러운 이치다. 이 과정에서 좋은 기억으로 남는 것은 개인적인 관계뿐만 아니라 사회생활에서도 매우 중요하다.

퇴사는 단순히 한 회사를 떠나는 게 아니라, 그곳에서의 관계와 평판을 정리하는 과정이다. 불필요한 오해나 갈등을 만들지 않도록 신경 쓰자. 퇴직 통보를 미루거나, 인수인계를 대충하거나, 긴 공백을 두는 건 좋지 않은 인상을 남긴다. 반대로, 깔끔한 정리와 빠른 전환은 현 회사와 새 회사 모두에 긍정적인 신호를 준다.

채용 과정인 서류 제출, 면접, 처우 협상은 새 회사와의 첫인상을 쌓는 발판이다. 입사 전부터 오해를 만들거나 부정적인 이미지를 주면, 함께 일하기도 전에 신뢰가 흔들린다. 따라서 이직과 입사가 결정되었다면, 최대한 빠르고 신속하게 모든 것을 정리하고 새로운 회사에서 산뜻하게 출발하는 것이 서로에게 가장 좋은 방향이다. 마치 깨끗하게 정리된 책상 앞에서 새로운 업무를 시작하는 것처럼, 깔끔한 마무리는 긍정적인 시작을 위한 첫걸음이다.

5

이직했더니 직급이 강등?
직급은 환율과 같은 것

직급이 강등된 것 같은 느낌, 정당한가?

'나는 현재 회사에서 과장인데, 왜 이직하려는 회사에선 대리라고 부르는 걸까?'

이직을 준비하는 많은 직장인들이 한 번쯤 마주하게 되는 질문이다. 커리어를 몇 년간 쌓아왔고, 직급도 나름대로 올라온 상황에서 직급 강등처럼 느껴지는 제안을 받으면 자존심이 상할 수밖에 없다. 하지만 여기서 중요한 사실은 있다. 직급은 절대적인 기준이 아니라, 상대적인 개념이다. 마치 환율처럼 바뀌는 개념이라는 점이다.

직급 체계, 회사마다 왜 이렇게 다를까?

한국 기업에서 사용하는 직급 체계는 일반적으로 사원-주임-대리-과장-차장-부장-임원으로 이어진다. 그러나 모든 회사가 이 구조를 그대로 따르진 않는다. 산업군이나 회사의 성격에 따라, 혹은 외국계 기업의 문화가 섞인 경우엔 직급 자체를 없애거나 직급 호칭을 완전히 달리 쓰는 경우도 많다. 예를 들어 연구직군에서는 선임, 책임, 수석 등의 직급 체계를 따르기도 한다. 스타트업이나 IT기업에서는 직급 대신 역할 기반(Role-based) 체계를 적용하는 경우가 늘고 있다.

특히 최근에는 '직급 파괴', '직급 최소화'가 새로운 조직문화 트렌드로 자

5장 현실 고민

165

리 잡고 있다. 실제로 채용 사이트 조사 발표에 따르면, 응답 기업의 42.1%가 '직급이 없는 수평적 조직문화를 추구한다'고 답했으며, 실제로 사원–대리–과장–부장 등 전통적 직급 대신 '프로', '매니저', '리더'와 같은 역할 중심 호칭을 사용하는 기업이 늘고 있다.

이처럼 직급 체계는 회사마다 다르게 설계되어 있기 때문에, 단순 비교 자체가 무의미하다. 어떤 회사에서는 '과장'이 되려면 입사 후 10년이 필요하지만, 다른 회사에서는 5~6년 만에도 가능하다. 또한, 일부 회사는 '주임'이나 '차장' 등의 중간 직급을 아예 생략하거나, '과차장'을 하나로 합치는 등 구조 자체가 유동적으로 바뀌고 있다.

직급=연차? NO! '직급 환율'을 이해하자

대기업, 공기업, 금융기관처럼 보수적인 구조를 가진 기업일수록 직급의 연한이 길다. 예를 들어 일반적인 기업에서는 보통 한 직급을 4~5년씩 유지한 뒤 다음 단계로 승진하게 된다. 반면, 중소기업이나 빠르게 성장하는 스타트업의 경우 상대적으로 승진이 빠른 경향이 있다. 어떤 회사는 대리로 입사해 3년 만에 과장이 되는 경우도 있고, 반대로 대기업에서는 입사 10년 차에도 대리일 수 있다.

이런 현실을 이해하지 못하면, 이직 시 자신이 '직급 강등'된 것처럼 느끼게 된다. 하지만 직급은 '연차'와 1:1로 매칭되는 단위가 아니며, 그 회사 내부 기준에 따라 부여되는 '호칭'일 뿐이다.

마치 한국 돈 10,000원이 일본에서는 1,000엔, 미국에서는 약 7달러로 바뀌는 것과 같다. 화폐의 '숫자'가 바뀐다고 해서 돈의 실질적 가치가 완전히 달라지진 않는다. 이처럼 직급도 이직한 회사의 기준에 맞게 조정되는 것일 뿐, 당신의 커리어나 실력이 평가절하된 것이 아니다.

직급보다 중요한 건 역할과 책임

직급에 집착하는 경향은 한국 조직문화의 잔재이기도 하다. 그러나 글로벌 기업이나 MZ세대 중심의 조직에서는 '직급보다 역할이 중요하다'는 인식이 점차 확산되고 있다. 실제로 한 컨설팅 회사 보고서에 따르면, 역할 기반 조직 구조(Role-based Structure)를 도입한 기업의 경우 조직 내 유연성과 구성원의 몰입도가 크게 증가하는 것으로 나타났다.

또한 다수 회사에서 부장 대신 프로, ○○님으로 호칭을 하고 있으며, 직급을 통폐합하기도 한다. 이는 직급 체계 간소화를 통하여 상하 간의 벽을 낮추고 의사소통, 창의성, 효율성을 높이기 위한 기업의 전략으로 많은 기업에서 도입하고 있는 상황이다.

어떤 직급을 달고 있느냐보다는, 어떤 일을 하고 어떤 성과를 내고 있는지가 훨씬 중요한 시대다. 과장이라는 직급을 달고 있지만 실상은 단순한 실행 업무만 하고 있다면, 과연 그것이 의미 있는 타이틀일까? 반대로 대리라는 호칭을 쓰고 있지만 팀을 리딩하고 주요 프로젝트를 총괄한다면 그 역할과 책임은 과장 이상일 수 있다.

이직할 때 직급을 어떻게 바라봐야 할까?

이직을 고려할 때 가장 먼저 체크해야 할 부분은 연봉과 직무, 성장 가능성이다. 직급은 이 모든 요소 중 가장 유동적이며 덜 중요한 항목이다. 물론, 연봉과 함께 직급이 급락하는 상황이라면 협상의 여지는 있을 수 있다. 그러나 단순히 '이전 회사에서 과장이었으니, 여기서도 과장이어야 한다'는 논리는 통하지 않는다.

또한 대외 커뮤니케이션이 중요한 회사일수록 '직급 인플레이션'이 발생하는 경우도 많다. 클라이언트 대응을 위해 실제 연차보다 높은 직급을 부여하는 경우가 대표적이다. 반대로 내향적인 조직문화나 내부 중심의 업무가 많은 조직에서는 연차보다 낮은 직급을 사용하는 경향도 있다. 이는 그 회사의 업무 스타일과 문화에 따른 차이일 뿐, 개인의 능력과는 무관하다.

직급은 환율과 같다. 숫자에 집착하지 말자

결론적으로 직급은 절대적인 수치가 아니다. 환율처럼 회사의 문화, 업종, 구조에 따라 다르게 환산되는 상대적인 개념이다. 그러므로 이직 시 직급의 변동을 '강등'이나 '승진'으로 단정 짓기보다는, 전체적인 역할과 커리어 성장에 집중하는 것이 바람직하다.

이직을 고려하고 있다면, 당장 눈앞의 호칭보다는 앞으로 당신이 어떤 역할을 맡고, 어떤 역량을 발휘할 수 있는지가 훨씬 더 중요한 문제다. 직급은 결국 '부르는 명칭'일 뿐, 진짜 커리어는 당신의 실력과 태도로 증명되어야 한다.

6

입사 전 안내받은
직무와 달라졌다면?

입사 후 업무가 달라졌다면, 누구의 잘못일까?

입사한 지 얼마되지 않아 이직을 고민하게 되는 이들 중 상당수가 같은 말을 꺼낸다. "입사 전 들었던 직무와 실제 업무가 너무 다르다." 입사 초기의 혼란스러움이 단순 적응 문제를 넘어서, 애초에 안내받은 내용과 달라졌을 때는 당황스러움을 넘어 배신감마저 느껴진다. 하지만 이는 단순히 '회사 탓'으로만 돌릴 수 없는 문제다.

채용 시장에서 자주 마주치는 상황이며, 양쪽 모두의 입장 차이에서 비롯되는 경우도 적지 않다. 예를 들어, 입사 전에는 분명히 마케팅 업무를 담당하는 것으로 안내받았는데, 실제로 입사해보니 마케팅 업무보다 영업 업무의 비중이 훨씬 큰 경우도 있고, 영업 업무와 마케팅 업부를 겸하는 경우도 있다. 극단적인 경우에는 마케팅 직무로 채용했으나, 회사의 필요에 따라 영업 부서로 배치하는 사례까지 발생하기도 한다.

단기간 내 잦은 이직이 커리어에 부정적인 영향을 줄 수 있다는 걸 알면서도, 원하는 직무에 대한 열망이 크다면 직무 변경을 위해 이직을 고민하게 된다. 그렇다면 왜 입사 전후에 안내받은 업무가 달라지는 경우가 발생하는 것이며, 이는 실제로 채용 시장에서 흔히 일어나는 일일까? 채용 시장의 현실적 경험으로는 이러한 상황이 적지 않게 발생하며, 이로 인해 지원자와 회사 간의 불만과 오해가 발생한다는 점이다.

왜 입사 전 직무와 달라지는 걸까?

원인은 JD(Job Description)의 한계다. 대부분의 채용 공고에는 직무 범위가 어느 정도 가이드라인으로만 설정돼 있다. 하지만 이 JD는 채용 초기 단계에서의 기준일 뿐이며, 면접을 거쳐 적합하다고 판단되는 지원자의 역량에 따라 역할이 유동적으로 바뀌는 경우가 많다.

회사는 A업무를 주로 하기를 바랐지만, 지원자의 경력에서 B업무가 강하다면 A+B를 요구하거나, B업무 중심으로 조정되는 경우가 생긴다. 예를 들어, 마케팅 포지션으로 공고했지만, 지원자가 영업 경험도 있다면 회사에서 '마케팅+영업' 역할로 R&R(Role and Responsibility)을 재설정한다.

문제는 이러한 변화가 지원자에게 충분히 설명되지 않는 상황에서 발생한다는 점이다. 또한, 기업의 사정에 따라 조직 개편이 갑작스럽게 이루어져 원래 계획과 다른 부서로 배치되는 경우도 빈번하다. 특히 스타트업이나 중소기업에서는 직무 간 경계가 불명확해 더 자주 일어난다.

입사 후 회사 상황에 따라 직무가 변경되기도 한다. 예를 들어, 영업 인력이 부족하거나, 마케팅 팀의 업무 우선순위가 바뀌면 인력을 영업으로 배치하기도 한다. 지원자의 역량이 기대에 미치지 못하거나, 긴급 인력 배치가 필요할 때도 직무가 변경된다.

지원자가 반드시 체크해야 할 것들

이직 후 직무 변경을 피하려면, 지원자 스스로도 준비가 필요하다. 지원자 입장에서도 서류 전형 시 제시된 업무 내용과 범위를 주의 깊게 확인하고, 면접 시 질의응답을 통해 회사가 실제로 찾고 있는 후보자의 역량과 업무 범위 등을 명확히 파악해야 한다. 특히 궁금한 부분은 면접 과정에서 반드시 질문하여 해소해야 한다. 면접 마지막에 면접관이 지원자에게 궁금한 점이 있는지 질문하는 이유가 바로 여기에 있다. 이때 단순히 '없습니다.'라고 답하기보다는, 자신이 입사하게 될 경우의 업무 범위, 업무 내용, 팀 및 조직 구성 등 구체적인 상황을 파악할 수 있는 마지막 기회로 활용해야 한다.

또한, 최종 합격 통보를 받고 처우 협의를 진행하는 단계에서도 최종적으로 궁금한 점이 있다면 반드시 다시 한번 확인해야 한다. 이미 최종 합격 및 처우 협의 단계는 회사가 해당 후보자를 채용하겠다는 의사를 밝힌 것이므로, 1차 면접을 진행했던 직속 상사나 인사 담당자를 통해 업무 관련 궁금증을 상세히 확인하는 것도 좋은 방법이다(단, 이때 연봉이나 복지 등을 묻는 게 아니라, 실제 업무 내용과 관련된 질문을 해야 한다).

예상 밖의 상황에도 흔들리지 않으려면

입사 후 직무가 변경이 되었다면 심도 있게 고민을 해야 된다. 만약 본인이 포지션 변경을 통해 새로운 커리어를 쌓아가는 데 문제가 없다고 판단한다면 회사의 결정을 따를 수 있지만, 자신의 원래 생각(자아)과 다른 부분이라면 인사팀에 명확하게 상황을 확인하고 자신의 의견을 전달하는 것이 중요하다.

즉, 본인은 특정 직무로 입사한 것이며 업무 변경은 자신의 의사와 다르다는 점을 분명히 알리고, 이러한 의견이 받아들여지지 않는다면 그때 퇴직을 고려하는 것이 합리적인 판단일 수 있다. 퇴직 시에는 회사 측의 일방적인 업무 변경으로 인한 퇴직이므로, 비자발적 퇴직으로 실업급여를 신청하는 것을 고려해볼 수 있다.

직장생활은 언제나 예외의 연속이다. 회사의 상황, 팀의 변화, 내 예상과 다른 업무 내용은 모두 충분히 일어날 수 있는 일이다. 하지만 내가 확인하고 점검할 수 있는 부분들을 놓치지 않는 태도만이 그런 변수들 앞에서 나를 지킬 수 있다. 입사 전 확인, 면접 중 질문, 최종 합격 후 업무 확정, 이런 단계에서 충분한 대화와 체크가 선행되어야 한다. 작은 물음표 하나를 그냥 넘긴다면, 나중에 큰 후회로 되돌아올 수 있다.

지원자 몰래 현 직장에 연락한다고?
왜 아직도 이런 일이 벌어질까?

이직 준비는 매우 조심스러운 과정이다. 현 직장에 알려지면 불이익이나 심리적 불편함이 따르기 마련이다. 그러나 일부 회사는 여전히 무지하게 지원자 동의 없이 현 직장에 연락해 이직 사실을 노출시킨다. 이는 지원자에게 치명타를 입히고 기업 이미지까지 훼손하는 심각한 문제를 야기시킨다.

이러한 행동은 명백한 개인정보보호법 위반 소지가 있으며, 지원자에 대한 존중이 결여된 처사다. 면접 중 지원자 앞에서 현 직장에 통보하는 상상 초월 사례도 있으며, 서류 관리 허술함으로 인하여 정보가 유출되는 경우도 있다. 기업이 지원자의 평판을 확인하는 레퍼런스 체크는 반드시 사전 동의가 필수다. 동의 없는 '묻지마' 평판 조회는 불법이자 채용 신뢰를 무너뜨리는 행위다.

채용은 단순히 인재 선발이 아니라 기업과 지원자가 서로를 알아가는 과정이며, 상호 존중과 배려가 핵심이다. 면접관의 경솔한 행동 하나가 회사를 '다시는 가고 싶지 않은 곳'으로 만들 수 있다. 지원자의 정보는 신뢰의 영역임을 명심해야 한다. 무개념 채용은 결국 기업 이미지 실추와 인재 확보 난항으로 이어지는 부메랑이 될 것이다. 공정하고 존중하는 채용 문화 구축이 곧 기업의 경쟁력이다.

직장생활

직장생활 권태기 왜 찾아올까?

일은 그대로인데,

왜 나는 점점 지쳐갈까?

회사 탓만 하기엔 복잡하고,

나만의 문제로 돌리기엔 억울한 직장생활의 권태기

이 장에서는 커리어 권태기, 자존감, 조직 내 태도에 대한

솔직한 이야기를 다룬다.

일은 그대로인데,
왜 나는 점점 지쳐갈까?
회사 탓만 하기엔 복잡하고,
나만의 문제로 돌리기엔 억울한 직장생활의 권태기
이 장에서는 커리어 권태기, 자존감, 조직 내 태도에 대한
솔직한 이야기를 다룬다.

1

직장생활 권태기
왜 찾아올까?

익숙함이 주는 낯선 감정, 직장 권태기

처음 입사했을 때의 설렘과 긴장은 어느새 사라지고, 반복되는 업무에 지루함을 느끼는 순간이 찾아온다. 이른바 '직장 권태기'다. 한 채용 사이트의 조사에 따르면, 30대 직장인의 98%가 직장생활 중 권태기를 경험했다고 한다. 특히 1~3년 차 직장인 중 80% 이상이 이 시기를 겪는 것으로 나타났다.

권태기의 시작

'이 일이 정말 나와 맞는 걸까?' 문득 회사 책상에 앉아 이런 생각이 스쳤다. 어렵게 취업한 직장에서 정신없이 달리나 보면, 어느 순간 현타가 찾아온다. 이 업무가 내 적성에 맞는지, 내가 진짜 원하는 일이 맞는지 고민이 시작된다. 그럴 때마다 선배들에게 조언을 구해보지만, 대부분 '그냥 버텨.', '적성에 맞아서 하는 사람은 없어.'라는 씁쓸한 답변만 돌아올 뿐, 속 시원한 해결책을 찾기는 어렵다.

직장생활, 권태기를 어떻게 넘을까?
- 내 적성을 찾는 여정

입사 후 정신없이 달리던 날들이 지나고, 업무가 손에 익기 시작하면 문득 멈춰 서게 된다. '내가 정말 이 일을 좋아하는 걸까?'라는 질문이 머릿속을 맴돈다. 흔히 '369'(3년, 6년, 9년)마다 권태기가 온다고 하지만, 요즘은 3, 6, 9개월 만에, 심지어 1년도 되지 않아 사표를 던지는 직장인도 많다. 취업 준비생에겐 배부른 소리처럼 들릴지 모르지만, 직장생활의 권태기는 누구나 겪는 보편적 고민이다. 이러한 답답함이 해소되지 않아 늘 사직서를 품고 다니지만, 당장의 생계, 월급, 그리고 '내가 과연 다른 곳에 취업할 수 있을까?' 하는 불안감 때문에 꾹꾹 참으며 회사를 다니는 이들이 많다. 그러다 결국 한계에 다다라 감정적으로 사표를 던지는 안타까운 상황도 자주 발생한다.

권태기의 원인, 단순한 업무 반복만은 아니다

직장 권태기의 원인은 다양하다. 단순한 업무 반복 외에도 상사와의 갈등, 낮은 연봉, 직무 불만족 등이 복합적으로 작용한다. 채용 사이트 조사에 따르면, 직장인 10명 중 8명이 높은 스트레스로 건강 이상을 경험했다고 하며, 그 원인으로 상사·동료와의 관계(53%), 과도한 업무량(45%), 낮은 연봉(40%) 등의 이유를 꼽았다.

권태기, 왜 찾아올까?

권태기는 갑자기 찾아오지 않는다. 반복되는 업무, 적성에 대한 불확실성, 미래에 대한 불안이 쌓이며 서서히 마음을 무겁게 한다. 한 조사에 따르면, 한국 직장인의 70%가 1년 내 권태기를 겪었으며, 이는 업무의 의미 부족과 상사 관계에서 비롯된다고 한다. 특히 저연차 직장인은 진로 설정이 부족한 상태에서 입사해, 업무가 익숙해지면서 '이게 전부인가?'라는 허무함을 느낀다고 한다. 자신의 진로를 다시 한번 심각하게 고민하고 다른 직무나 직업을 찾아 방향을 전환하는 경우도 적지 않다.

사회초년생은 초·중·고·대학 내내 학점과 스펙 쌓기에 몰두하느라 자아 탐구를 할 시간이 없었다. 자연히 적성과 진로에 대한 고민 없이 직장에 들어오고 입사 후 방향성을 잃는다. 예를 들어, 마케팅 직무에 입사했지만, 실제로는 데이터 분석보다 창의적 캠페인 기획을 원했던 자신을 발견할 수 있다. 이런 불일치가 권태기를 부른다.

모두가 부러워하는 대기업에 입사했지만, 정작 자신의 성향과 맞지 않아 스스로 회사를 박차고 나오는 이들도 분명히 존재한다. 반대로, 당장의 생계를 위해 어쩔 수 없이 중소기업에 취업했지만, 현실의 어려움에 직면하여 결국 사표를 던지고 공무원 시험을 준비하거나, 더 나은 환경의 대기업을 목표로 자발적인 취업 준비생이 되는 경우도 많다.

자신의 진로와 적성에 대한 고민

가장 먼저 선행되어야 할 것은 본인이 어떤 분야의 어떤 업무가 적성에 맞는지, 진정으로 무엇을 하고 싶은지에 대한 명확한 진로 설정이다. 이 부분이 매우 중요하지만, 우리는 초등학교, 중학교, 고등학교, 대학교에 이르기까지 끊임없이 학점, 공부, 성적 등에 대한 압박 속에서 살아왔기에 정작 자신의 진로, 적성, 더 나아가 자아에 대한 깊이 있는 고민을 해볼 기회가 부족했던 것이 현실이다. 그러니 뚜렷한 방향을 잡지 못하고 끊임없이 방황하는 것은 어쩌면 당연한 결과일지도 모른다.

대기업의 빛과 그림자

대기업은 높은 연봉, 안정된 근무 환경, 체계적 복지를 제공한다. 하지만 업무는 전문화, 세분화되어 있어 특정 직무에 깊이 파고드는 구조다. 예를 들어, 재무팀 직원은 회계 업무에 집중하지만, 마케팅이나 인사 업무는 접하기 어렵다. 또한, 다른 직무로의 전환이 쉽지 않고, 자신의 업무 외 다른 분야에 대한 관심이나 이해도, 관여도가 상대적으로 낮은 것이 특징이다. 물론, 기업 상황에 따라 직무 전환이나 배치가 이루어지기도 하지만, 상대적으로 쉽지 않은 것이 현실이다. 대기업에서 권태기를 느낀다면, 자신의 업무가 너무 단조롭거나 성장 가능성이 제한적이라고 느낄 가능성이 크다.

중소기업의 기회와 도전

중소기업은 적은 인력으로 다양한 업무를 소화해야 한다. 예를 들어, 마케팅 직원이 광고 기획부터 데이터 분석, 고객 응대까지 맡는다. 연봉과 복지는 대기업보다 부족하지만, 다양한 경험을 쌓기엔 최적이다. 비교적 적은 연차에도 다양한 업무를 통해 성과를 창출하고 자신만의 역량을 만들어 나가는 과정에서 더 많은 성장을 이룰 수 있으며, 이러한 경험을 바탕으로 더 큰 기업으로 이동할 수도 있다. 폭넓은 업무 경험이 저연차 직원의 빠른 성장에는 도움이 된다. 중소기업에서 권태기를 느낀다면, 과중한 업무나 불안정한 환경이 원인일 수 있다. 하지만 이를 성장의 발판으로 삼아 성과를 내서 더 큰 기업으로 이직할 기회를 얻을 수 있다.

권태기를 기회로 삼기

권태기는 위기가 아니라 기회다. 이 시기를 통해 자신을 돌아보고, 새로운 목표를 설정하며, 필요한 역량을 개발할 수 있다. 새로운 자격증을 취득하거나, 관심 있는 분야의 프로젝트에 참여해보는 것도 좋은 방법이다. 중요한 것은 이 시기를 어떻게 활용하느냐에 달려 있다.

이직, 전략적 선택

권태기가 반복된다면, 이직을 고려할 때다. 하지만 감정적으로 사표를 던지기보단 전략적으로 준비하자. 현재 직무의 성과를 정리하고, 원하는 직무와 회사를 조사하자. 예를 들어, 중소기업에서 다양한 경험을 쌓았다면, 이를 강점으로 중견기업, 대기업 포지션에 지원할 수 있다.

내 이력서를 보는 사람은 누구일까?

권태기와 번아웃, 다른 점 이해하기

권태기와 번아웃은 다르다. 권태기는 업무의 의미 상실과 적성 고민에서 온다. 반면, 번아웃은 과도한 업무와 스트레스로 인한 정서적·신체적 소진이다. 한 신문기사에 따르면, 한국 직장인의 70%가 번아웃을 겪었으며, 이는 장시간 노동과 강한 업무 압박 때문이라고 했다. 권태기가 번아웃으로 악화되지 않도록 휴식과 자기 관리를 병행하자. 예를 들어, 주말에 취미 활동이나 운동으로 리프레시하면 마음이 가벼워진다.

장기적 진로 설계

권태기를 넘으려면 장기적 진로 계획이 필요하다. 5년, 10년 후 어떤 직무, 어떤 회사에서 일하고 싶은지 상상해보자. 예를 들어, 글로벌 기업의 마케팅 매니저가 목표라면, 어학 스킬과 해외 프로젝트 경험을 쌓아야 한다. 계획을 세우고, 필요한 스킬과 네트워크를 단계적으로 준비하자. 이는 권태기를 줄이고, 경력을 생산적으로 관리하는 방법이다.

권태기를 위기가 아닌 기회로

직장생활에서 권태기를 느끼는 것은 자연스러운 일이다. 중요한 것은 그 감정을 어떻게 받아들이고, 이렇게 대치하느냐다. 자신의 감정을 인정하고, 새로운 목표를 설정하며 끊임없이 성장하려는 노력이 필요하다. 그렇게 한 걸음씩 나아가다 보면, 다시금 일에 대한 열정을 되찾을 수 있을 것이다.

이처럼 직장생활에 있어서는, 자신의 성향과 욕구를 정확히 파악하여 진로 방향과 계획을 신중하게 설정하고, 전략적으로 직장을 선택하고 이직하는 과정을 통해, 진정으로 자신이 하고 싶은 업무를 찾아 권태기를 극복해야 한다. 그래야 개인과 회사 모두 불필요한 손실 없이 생산적인 시간을 보낼 수 있을 것이다.

권태기는 자연스러운 과정이다. 하지만 이를 방치하면 퇴직으로 이어지거나, 불만 속에 시간을 낭비할 수 있다. 자기 탐구로 적성을 찾고, 새로운 스킬로 활력을 더하며, 동료와 소통으로 새로운 자극을 얻자. 대기업과 중소기업의 장단점을 이해하고, 전략적 이직으로 더 나은 기회를 잡아보자. 권태기는 위기가 아니라, 당신의 경력을 재정비할 기회다. 오늘, 작은 한 걸음을 내디뎌보자. 당신의 직장생활에 새로운 의미를 찾을 준비가 되었는가?

2

이직 후, 1~2개월 만에
판단해도 될까?

처음 며칠의 어색함, 그건 당연한 감정이다

새로운 직장에 출근한 첫날, 대부분의 사람들은 설렘보다도 낯설고 어색한 기분에 휩싸인다. 책상도, 점심 식사도, 사무실 공기마저도 익숙하지 않다. 매일 다니던 출퇴근 경로가 바뀌었고, 화장실 가는 것조차 낯설다. 이전 회사에서 1년, 5년, 또는 10년 이상을 보냈다면 이런 변화는 생각보다 더 크게 다가온다. 하지만 중요한 건, 이런 감정이 전혀 이상한 것이 아니라는 점이다. '불편함'은 변화를 시작하는 신호일 뿐이다.

아무리 뛰어난 적응력을 가진 직장인이라 할지라도 변화에서 오는 불안감과 스트레스를 피하기 어렵다. 큰 희망을 품고 첫 출근을 했지만, 현실적인 식장생활은 결코 녹록지 않으며, 때로는 '내가 이직을 정말 잘한 선택일까?' 하는 깊은 혼란에 빠지기도 한다.

학교생활이나 사회생활을 되돌아보면, 첫인상은 좋았지만 시간이 지날수록 실망하여 관계를 정리하게 되는 친구나 지인이 있는 반면, 처음에는 별다른 인상을 받지 못했지만 오랜 시간을 함께하며 깊은 신뢰를 쌓고 좋은 관계를 유지하는 사람들도 있다. 직장생활 역시 마찬가지이다. 짧게는 1~2년, 길게는 10년 이상 몸담았던 익숙한 울타리를 벗어나 새로운 곳에 발을 디디면, 모든 것이 낯설고 어렵게 느껴지며 때로는 두려움까지 느끼게 된다. 이는 그만큼 전 직장의 생활 패턴에 깊이 익숙해져 있으며, 새로

6장 직장생활

183

운 환경에 완전히 적응하기까지 상당한 시간이 필요하다는 것을 의미한다.

좋은 직장과 나에게 맞는 직장은 다를 수 있다

많은 이들이 입사 후 몇 주 만에 '이 회사는 나랑 안 맞는다'고 단정짓는다. 때로는 기대와 현실 사이의 간극이 실망으로 돌아오고, 회사에 대한 환상이 무너지는 시기도 이 즈음이다. 하지만 잊지 말아야 할 것이 있다. 좋은 직장은 상대적인 개념이라는 점이다.

어떤 이는 '최악'이라 말하는 회사에서 20년 이상을 근속하며 만족스럽게 일한다. 반대로, 누구나 가고 싶어 하는 대기업에서 몇 달도 못 버티고 나오는 이도 있다. 그만큼 직장은 개인의 성향과 가치, 상황에 따라 다르게 작용하는 공간이다. 객관적인 '좋고 나쁨'보다, '나와 맞는가'가 더 중요한 질문이다.

이직 후 새 직장, 어떻게 적응해야 할까?
- 사계절을 지나며 찾는 나의 자리

새 직장의 첫날, 엘리베이터에서 낯선 얼굴들과 마주쳤다. '여기서 잘할 수 있을까?'라는 생각이 스쳤다. 이직은 새로운 기회지만, 낯선 환경, 바뀐 일상, 새로운 동료와의 관계는 누구나 주춤하게 만든다. 하루, 일주일, 한 달 만에 '이직이 잘못된 선택이었나?'라는 혼란이 밀려올 수 있다. 이직 후 적응 스트레스가 직장인의 60% 이상에게 영향을 준다는 내용도 있다. 하지만 사계절을 지나며 직장의 흐름을 느껴보면 나와 맞는 자리를 찾을 수 있다.

이직 후 사계절은 지나봐야 한다

회사생활은 단지 업무를 배우는 것만으로는 충분하지 않다. 책상 위 물건 하나, 점심을 먹는 방식, 보고를 올리는 흐름까지 모두 새로운 문화의 일환이다. 입사 후 첫 주는 '생활을 배우는 시기', 첫 달은 '업무 구조를 익히는 시기'라 보면 된다. 몇 분기를 지나야 성과가 눈에 보이기 시작한다.

그래서 꼭 말하고 싶다. 최소한 한 해, 사계절을 겪어봐야 그 회사의 진짜 얼굴을 알 수 있다고. 봄에 입사해 여름엔 프로젝트를 겪고, 가을의 평가와 연말 성과관리를 지나면서 비로소 이 회사와 내가 맞는지, 어떤 방식으로 성장할 수 있을지를 판단할 수 있다. 1년이라는 시간은 결코 길지 않다.

섣부른 판단은 금물, 최소한 '사계절'을 경험해야 한다

새로운 회사에 입사한 후 하루, 이틀, 혹은 한 달 정도 근무하고 나서 '이 회사는 나와 맞지 않는다'고 단정짓고 섣불리 퇴사를 결정하거나 다시 이 직을 준비하는 사람들을 종종 보게 된다. 이는 자신이 막연하게 그려왔던 기업이나 직장에 대한 환상, 혹은 이상적인 이미지가 현실과 부딪히며 깨지는 순간이며, 오히려 새로운 직장의 단점만을 지나치게 집중해서 보게 되는 시기이기 때문에 '이직을 잘못했다'고 쉽게 판단하게 되는 것이다.

하지만 세상에 완벽하게 좋은 직장이나 절대적으로 나쁜 직장은 존재하지 않는다. 다만, '나와 맞는 직장'과 '나와 맞지 않는 직장'이 있을 뿐이다. 당신이 지금 당장 싫어하고 떠나고 싶어 하는 그 직장에서도, 10년 이상, 심지어 20년 이상 장기 근속하는 사람들이 분명히 존재한다. 그들의 입장에서 보면, 회사의 좋고 나쁨의 문제가 아니라 자신의 직장생활 방식과 잘 맞거나, 혹은 맞춰 살아가고 있기 때문에 오랜 시간 그 회사에 머무르는 것이다.

소위 '좋은 직장', '꿈의 기업'이라고 불리는 곳들도 분명히 존재하지만, 그러한 회사에서 퇴사하는 사람이 전혀 없는 것은 아니다. 그토록 좋다고 평가받는 기업을 떠나게 만드는 이유는, 개인마다 성향, 니즈, 그리고 욕구가 모두 다르기 때문이다. 물론 일반적으로 좋은 기업이라고 인식되는 회사일수록 퇴직률이 낮은 경향이 있고, 반대로 부정적인 평가를 받는 기업은 퇴직률이 높은 편이지만, 그렇다고 해서 모든 구성원이 불만족스러워하는 것은 아니다. 그 기업 안에서도 나름의 만족감을 느끼며 잘 적응하고 살아가는 사람들이 분명히 존재한다.

적응이 필요한 시간, 최소 1년은 투자를 해야 한다

새로운 회사에 입사하고 첫 1주일은 정신없이 새로운 것들을 배우는 단계이다. 업무적인 내용을 익히는 것뿐만 아니라, 회사의 위치, 출퇴근 동선, 사무실 환경, 자신만의 스타일로 책상을 정리하는 방법, 화장실과 점심 식당의 위치 등 일상생활에 필요한 기본적인 정보들을 습득하는 '체험' 기간이라고 생각하는 것이 적절할 것이다.

그리고 입사 후 한 달 동안은 본격적인 회사생활에 대한 '배움'의 시간이다. 업무의 기본적인 내용, 보고 및 결재 절차, 자신의 업무 범위 등을 파악하고 익히는 데 집중하게 된다. 그 이후 1~2분기가 지나면 업무가 어느 정도 손에 익숙해지고, 3~4분기가 지나서야 비로소 가시적인 성과를 만들어 낼 수 있는 단계에 접어들게 된다.

그렇기 때문에 새로운 직장에 적응하고 그 회사를 제대로 평가하기 위해서는 최소한 1년 이상은 근무해보는 것을 권한다. 봄, 여름, 가을, 겨울, 회사가 어떤 흐름으로 움직이는지, 연초에 어떤 계획을 세우고 연말에 어떤 평가와 성과를 받게 되는지를 직접 경험하면서, 이 회사가 자신과 잘 맞는지, 앞으로 어떤 직장생활을 그려나갈 수 있을지 신중하게 고민하고 최종적인 결정을 내리는 것이 현명할 것이다.

진짜 퇴사해야 하는 경우도 있다

모든 경우에 1년을 버티라는 건 아니다. 입사 후 짧은 기간(ex: 1~2개월) 안에 퇴사를 결정해야 하는 예외적인 상황도 분명히 존재한다. 예를 들어, 급여가 지속적으로 지연되거나 체불되는 경우, 회사 내에서 횡령, 성희롱,

폭력 등 사회적으로 용납될 수 없는 심각한 문제가 발생하는 경우, 혹은 입사 전에 제시되었던 내용과 전혀 다른 근무 조건(ex: 회사의 갑작스러운 이전, 마케팅 포지션으로 입사를 했는데 영업 업무를 시키는 직무 변경 등)이 발생하는 경우에는 빠르게 상황을 정리하고 퇴직하는 것이 올바른 선택일 수 있다.

하지만 이러한 특수한 상황이 아니라면, 처음부터 마음이 맞지 않는다고 도망치기보다, 시간을 들여 적응하고 나를 던져보는 경험이 필요하다. 새로운 환경에 적응하고 자신의 역량을 발휘하여 성과를 내기 위해서는 최소한의 시간이 필요하다는 것을 인지하고, 아무리 회사와 잘 맞지 않는다고 느껴지더라도 인내심을 가지고 회사생활에 적응하려는 노력이 필요하다.

조기 퇴사의 함정

입사 1~2개월 만에 퇴사하는 이들이 많다. 기대했던 이미지와 다른 현실, 단점만 보이는 시선 때문에 '잘못 이직했다'고 느낀다. 하지만 성급한 퇴사는 위험하다. 예를 들어, 짧은 근무 기간은 다음 채용에서 '적응력 부족'으로 보일 수 있다. 직장의 단점만 보인다면, 잠시 멈춰보자. 전 직장에서도 적응 초기에는 비슷한 불편함이 있었을 것이다. 나와 맞는 직장은 완벽함이 아니라, 내 성향과 욕구에 맞는 곳이다. 최소 1년, 사계절을 경험하며 회사의 전체 그림을 그려보자.

직장은 감정이 아닌 시간으로 판단해야 한다

채용 시장은 지금도 빠르게 움직이고 있다. 하지만 이직은 충동이 아니라 시간과 경험이 쌓인 판단의 결과여야 한다. 단 한 계절만 보고 떠난다면, 다음 회사에서도 같은 실수를 반복하게 될 확률이 높다. 기사에 따르면 직장인 약 60% 이상이 입사 후 1년도 안 되어서 퇴사를 한 경험이 있다고 한다. 결국, 그 회사가 좋은지 나쁜지, 나와 맞는지 아닌지를 알기 위해서는 한 계절이 아닌, 한 해를 살아봐야 한다. 새로운 시작은 늘 어렵다. 하지만 그 어려움을 지나야만 보이는 새로운 기회도 있다는 것을 기억하자.

이직 후 사계절의 여정

이직 후 적응은 계절처럼 단계적으로 진행된다. 최소 1년, 사계절을 경험하며 직장의 흐름을 느껴보자.

1) 봄 : 첫 주, 생활 적응

입사 첫 주는 정신없다. 업무를 배우기보단 생활 적응의 시간이다. 회사 위치, 출퇴근 동선, 사무실 환경, 책상 정리, 화장실과 식당 위치 같은 일상을 익힌다. 이직 후 첫 주가 새로운 루틴을 형성하는 핵심 시기라고 한다. 예를 들어, 전 직장에서는 점심을 동료와 먹었지만, 새 직장에서는 혼자 먹는 문화라면 어색함을 느낀다. 이 시기는 체험의 시간으로 여겨보자.

2) 여름 : 첫 달, 회사 배우기

한 달은 회사생활을 배우는 시간이다. 업무 범위, 보고와 결재 프로세스, 팀의 커뮤니케이션 방식을 익힌다. 예를 들어, 전 직장에서는 이메일로 보고했지만, 새 직장은 다양한 프로그램이나, 메신저로 실시간 소통한다면 적응이 필요하다. 이직 후 첫 달이 조직 문화를 이해하는 데 중요한 시기이다. 이 시기에 동료와 가벼운 대화를 나누며 관계를 형성하자.

3) 가을 : 1~2분기, 업무 익히기

1~2분기가 지나면 업무가 손에 익는다. 자신의 역할이 명확해지고, 팀에 기여하기 시작한다. 예를 들어, 마케팅 직원이라면 캠페인 기획에

적극 참여하며 아이디어를 낸다. 이 시기에 작은 성과를 내면 자신감이 붙는다.

4) 겨울 : 3~4분기, 성과와 평가

3~4분기가 되면 가시적 성과를 낸다. 연초 계획에 따라 프로젝트를 완수하고, 연말 평가를 받는다. 이 과정에서 회사의 연간 흐름을 파악한다. 예를 들어, 연초에 매출 목표를 세우고, 연말에 성과를 점검하는 회사의 사이클을 경험한다. 이직 후 1년이 직장과의 적합성을 판단하는 기준이 되며, 이 시기에 '이 직장이 나와 맞는가?'를 고민해보자.

적응을 돕는 작은 노력

새 직장에서 뿌리내리려면 몇 가지 노력이 필요하다:

1) **작은 루틴 만들기** : 점심시간 산책, 책상 정리 같은 루틴으로 안정감을 찾는다.
2) **동료와 소통** : 가벼운 대화나 팀 활동으로 관계를 쌓는다.
3) **작은 목표 세우기** : 첫 달 보고서 완성, 3개월 내 프로젝트 기여 같은 목표를 설정한다.
4) **피드백 요청** : 상사나 동료에게 "어떻게 개선할까요?"라며 조언을 구한다.
5) **인내와 관찰** : 단점만 보일 때, 회사의 장점과 기회를 찾아보자.

이직은 설렘과 두려움이 공존하는 여정이다. 새 직장의 낯선 환경은 누구나 어색하고 어렵다. 하지만 첫 주의 생활 적응, 한 달의 회사 배우기, 몇 분기 동안의 성과와 피드백을 접하면서 본인만의 자리를 찾고 잡을 수 있을 것이다. 특수 상황이 아니라면, 최소 1년, 사계절을 경험하면서 적응하려는 노력과 냉철한 판단을 해보길 권한다.

3

감히 나한테
이따위 회사에 가라고?

"감히 나한테 이따위 회사에 가라고?"

헤드헌터 일을 하다 보면, 가끔 듣게 되는 말이다. 특정 회사의 채용 건으로 한 분께 연락을 드리고, 이직을 제안했을 때 돌아오는 반응이다. 그분 입장에서는 제안받은 회사가 현재 본인이 다니는 곳보다 급이 낮다고 느끼는 경우, 불쾌하고 기분이 상할 수 있다. 심지어는 자존심이 상했다고까지 표현하는 분들도 있다.

헤드헌터로서도 마음이 불편해지는 순간이지만, 한편으로는 충분히 이해되는 반응이기도 하다. 사람들은 본인이 속한 조직을 통해 사회적 정체성을 표현한다. '어디에서, 무슨 일을 하는 누구입니다.'라는 문장 속에서 '회사'는 곧 '나'이기 때문이다. 그래서 사람들은 가능하면 더 이름 있는 대기업에 들어가고 싶어 하고, 그 타이틀이 자신을 대변해주기를 바란다. 그런데 자신이 생각하는 정체성과 사회적 위치보다 낮은 수준의 회사 제안을 받으면, 불쾌감을 느끼는 것도 무리는 아니다.

하지만 기업 입장에서는 상황이 다르다. 많은 회사들이 자신들보다 더 좋은 기업에서 실무를 경험하고, 선진 시스템을 익힌 인재들을 원한다. 조직의 성장 동력이 결국 사람에서 비롯된다는 것을 잘 알기 때문이다. 대기업 출신, 외국계 기업 출신 등을 선호하는 이유도 여기에 있다. 이러한 인재 영입은 회사의 수준을 끌어올리는 핵심 전략 중 하나다. 하지만 문제는 여기서 끝나지 않는다. 개인의 커리어 관점에서도 '급이 낮은 회사'라고 무작정 무시해서는 안 되는 이유가 있다.

커리어에는 성장기와 쇠퇴기가 있다

직장생활을 하다 보면 누구나 성장기, 정체기, 쇠퇴기를 거치게 된다. 입사 초기에는 맡은 일이 늘고, 실무 경험이 쌓이면서 빠르게 성장한다. 그러나 중간 관리자급 이상이 되면 성장이 정체되기 시작한다. 그 이상의 연차가 쌓이면, 오히려 경력의 쇠퇴기를 맞이하게 되는 경우도 많다.

이 시기에는 과거의 경력만으로 더 이상 새로운 기회를 만들기 어려운 경우가 생긴다. 정체되어 있는 현재 직장에서 더 이상 승진이나 업무 확장의 기회가 없다면, 다른 회사로 이동해 새로운 모멘텀을 만드는 것이 필요하다.

이때 현재보다 규모는 작더라도 본인의 역량을 펼칠 수 있는 회사, 실질적으로 임팩트를 낼 수 있는 회사를 선택하는 것이 하나의 전략이 된다. 그렇게 자신만의 방식으로 커리어를 재정비하고 다시금 성장의 기회를 모색하는 것이다.

커리어의 깊이를 넓히는 기회

간혹 첫 직장에서 20년 이상을 근속한 후, 연차와 나이로 인해 더 이상 갈 곳이 없어 결국 은퇴하거나, 전혀 다른 업종에서 새로운 일을 시작하는 경우도 있다. 물론 장기근속도 훌륭한 커리어다. 그러나 시장의 흐름을 파악하고, 적절한 타이밍에 본인의 커리어를 리프레시할 줄 아는 사람이 결국 오랫동안 생존하고 성장하게 된다.

중소기업이나 스타트업이라고 해서 무조건 수준이 낮은 곳은 아니다. 오히려 실무적인 폭이 넓고, 다양한 경험을 쌓을 수 있는 장점이 있다. 의사결정 과정에 직접 참여하거나, 작은 조직 안에서 전체 흐름을 파악하고 기획부터 실행까지 전 과정을 경험할 수 있는 기회는 대기업에서는 쉽게 얻기 어렵다. 이러한 경험은 향후 창업이나 고위 관리자 역할을 준비할 때 큰 자산이 된다.

단순히 규모나 이름만 보고 회사를 판단하는 것은 현명하지 않다. 특히 이직 제안을 받을 때는 '이 회사에서 내가 어떤 일을 하게 될까?', '이 경험이 내 커리어에 어떤 가치를 더해줄 수 있을까?'라는 관점에서 접근하는 것이 필요하다.

판단은 면접 이후로 미뤄도 늦지 않다

실제 채용 제안을 받았을 때, 처음에는 '이따위 회사'처럼 느껴질 수 있다. 하지만 막상 면접을 진행해보고, 회사 분위기, 대표의 마인드를 듣다 보면 생각이 달라질 수 있다. "생각보다 괜찮은 회사네요."라며 긍정적인 반응으로 바뀌는 경우도 적지 않다.

편견 때문에 기회를 놓칠 수도 있다. 물론 무조건 수용하라는 말은 아니다. 다만 처음부터 색안경을 끼고 판단하기보다, 충분히 알아보고, 내가 할 수 있는 일의 크기와 방향을 파악한 후 결정해도 늦지 않다는 것이다.

커리어는 속도가 아니라 방향이다. 어떤 회사든, 그 안에서 내가 어떤 경험을 하고 무엇을 배울 수 있는지가 중요하다. 때로는 내가 '싫다'고 생각했던 회사가 오히려 내 인생의 전환점이 되기도 한다. 자존심보다는 실리를, 타이틀보다는 성장 가능성을 보는 안목이 필요하다. 누군가가 나에게 이직 제안을 했을 때, 한 번쯤은 감정을 내려놓고 생각해보자. 그 '이따위 회사' 가 내게는 기회일지도 모르니까.

4

무례함은 당신의
커리어를 갉아먹는다

헤드헌터는 '중개자'가 아니라 '경험 설계자'다

후보자를 발굴하고 컨택하는 과정에서 가장 극명하게 갈리는 지점은 후보자의 '태도'였다. 어떤 후보자는 정중하고 열린 태도로 대화를 이어가지만, 반대로 첫인사부터 날선 말투로 시작하거나, 심지어 욕설을 내뱉는 경우도 있었다.

이런 경우를 겪을 때면 스스로에게 묻게 된다. '이 사람은 왜 이렇게 반응할까?' 사실 헤드헌터 입장에서 보면, 처음 연락하는 사람이 대부분이다. 하지만 일부 후보자들은 '이 포지션으로 전화 온 게 한두 번이 아니다.'라며 감정적으로 반응한다. 물론 이해가 되지 않는 건 아니다.

일부 비윤리직인 헤드헌터들이 허위 포지션을 제시히기나, 피드백 없이 연락을 끊는 등의 문제로 업계 전반의 신뢰가 흔들리고 있다. 실제로 한 기사에서는 '무분별한 컨택과 소통 부재로 인해 후보자들의 피로도가 급증하고 있다'고 지적했다. 하지만, 그렇다고 해서 모든 헤드헌터가 비난받아야 하는 것은 아니다. 특히 후보자의 커리어를 위해 실질적 기회를 제공하고, 돈 한 푼 받지 않고 도움을 주는 입장에서 무례한 반응은 쉽게 받아들이기 어렵다.

무례함은 당신의 커리어를 갉아먹는다

한번은 이런 일이 있었다. 한 후보자에게 포지션 제안을 하려고 전화했는데, 받자마자 쌍욕이 튀어나왔다. 이유를 물으니, '같은 포지션으로 수십 번 전화를 받아서 폭발했다'는 답이 돌아왔다. 하지만 나는 그 사람에게 처음 연락을 한 상황이었다.

그날 저녁, 초등학생 딸과 저녁 식사를 준비하던 중이었고, 전화기 너머의 소리를 들은 아이가 "아빠, 무슨 일이야?"라고 물었다. 순간 눈물이 왈칵 쏟아질 뻔했다. 나도 누군가의 아버지고, 누군가의 동료이다. 그 전화한 통은 단순한 연락이 아니라, 누군가에게는 인생의 기회일 수 있는데, 그 후보자는 그 기회를 스스로 차버린 셈이다.

면접 전 태도가 면접보다 더 중요한 이유

많은 기업이 최종 후보자 두 명 사이에서 고민할 때, 헤드헌터에게 이렇게 묻는다.

"두 후보 중 누가 더 괜찮은가요?"

"연락할 때 어떤 느낌이었나요?"

이 질문에 대해 나는 항상 솔직하게 답한다.

- 연락이 잘 닿았는지

- 대화는 원활했는지

- 진행 과정에서 신뢰가 쌓였는지

- 요청한 자료를 정확하고, 신속하게 보냈는지

이러한 태도는 이력서나 경력보다도 훨씬 더 강력한 평가 기준이 된다. 왜냐하면 기업은 '일 잘하는 사람'이 아니라 '같이 일하고 싶은 사람'을 원하기 때문이다. 실제로 이 기준으로 인해 최종 후보가 뒤바뀌는 경우도 상당히 많다.

친절은 전략이다

직장에서의 태도, 면접 전 커뮤니케이션, 문서 전달 태도, 이메일 응대 방식은 모두 하나의 '일하는 방식'이다. 이는 단순한 예절이 아니라 경쟁력이며, 전략이다. 기업도 점점 인성을 중심에 둔 채용 문화를 강화하고 있다. 한 보고서에 따르면, '최근 기업들은 경력보다 소통능력, 태도, 협업 능력을 인재 채용의 우선순위로 두고 있다'고 분석했다. 무례한 태도는 결국 자신에게 되돌아온다. 단지 전화 한 통의 태도만으로도 기업의 선택에서 밀려날 수 있다는 점을 기억해야 한다.

무례함은 당신을 방해한다

세상은 혼자 살아가는 곳이 아니다. 결국 사람은 사람과 함께 일하고, 협업하고, 성장해 나간다. 이 과정에서 '함께 일하고 싶은 사람'이 되는 것은 매우 큰 무기가 된다. 이력서가 아무리 빛나도, 전화 한 통, 이메일 한 줄, 대화 한마디에서 무례한 인상이 남는다면 그 사람은 '채용 리스크'로 인식된다. 그리고 그 리스크는 수많은 기회를 스스로 걷어차는 결과로 이어진다.

5

회사 배지와 내 능력,
어디까지가 진짜 나일까?

"대기업 팀장입니다."

이 한마디만으로 사람들은 그 사람의 능력과 위치를 대강 짐작한다. 그게 긍정적인 편견이든, 단순한 프레임이든 '어디 회사'에 다닌다는 사실만으로도 하나의 평가 기준이 되곤 한다. 문제는 그 평가가 '나'라는 사람 자체의 능력이 아니라, '회사 배지'에서 오는 힘일 수도 있다는 점이다. 대기업의 배지는 강력한 후광 효과를 제공하지만, 그 후광에 기대기만 한다면, 정작 중요한 자신의 능력은 희미해질 수 있다. 회사의 이름과 자신의 역량을 분리해 바라보는 것, 그게 커리어 관리의 시작이다.

회사 배지와 내 능력, 어디까지가 진짜 나일까?

대기업 임원, 중소기업 팀장, 스타트업 사원. 이런 직함을 들으면 그 사람의 능력과 가치를 어느 정도 가늠하게 된다. 하지만 회사 배지를 떼어내면 나는 어떤 사람으로 남을까? 대기업의 후광이 나를 빛나게 했던 순간과 그 배지를 잃었을 때의 허전함을 경험해본 적 있다면, 회사와 나의 경계를 고민해보는 것도 의미 있을 것이다.

소속이 곧 명함이 되는 사회

한국 사회는 유독 '어디에 다니는가'로 사람을 판단하는 문화가 있다. 대기업, 공기업, 외국계, 유명 스타트업. 어느 조직에 속해 있는지가 곧 그 사람의 가치처럼 여겨지기도 한다. 하지만 같은 사람이 퇴사 후 프리랜서가 되거나, 중소기업에 이직하면 시선이 달라진다는 것은 경험해본 사람들은 알 수 있는 내용이다. 한 조사에 따르면, 퇴직 이후 자신감 저하를 가장 크게 느끼는 계층은 대기업 출신 퇴직자였다고 한다. 회사라는 울타리가 없어졌을 때, 그제야 자신의 실력이 어느 정도였는지를 확인하게 된다.

회사 배지의 후광 효과

회사 배지는 단순한 명함 이상의 의미를 가진다. 예를 들어, 대기업 사원이라면 낮은 직급이라도 박람회나 네트워킹 자리에서 호의적인 대우를 받기 쉽다. 반면, 중소기업으로 이직 후 같은 자리에서 예전 같은 대접을 받지 못하는 경우가 많다. 대기업 명함은 문을 열어주고, 신뢰를 더하며, 때로는 실제 능력 이상의 평가를 받게 된다. 하지만 이 후광은 회사에 소속된 동안에만 유효하다. 퇴사하거나 이직하면 그 배지는 더 이상 당신을 대변하지 않는다. 회사 배지는 강력하지만, 일시적이고 외부적인 힘이다. 이를 자신의 능력으로 착각하면, 장기적 경력 관리에 혼란이 올 수 있다.

대기업에서 배운 것, 나를 위한 것인가

대기업은 좋은 학교와 비슷하다. 체계적인 교육, 다양한 경험, 명확한 분업 구조 속에서 전문성을 깊게 쌓을 수 있는 환경이다. 하지만 그 전문성이 회사라는 프레임 안에서만 유효한 것인지, 나라는 사람의 능력으로 확장 가능한 것인지는 냉정하게 점검해볼 필요가 있다. 이직을 하거나 퇴직 이후, 혹은 창업을 하게 되었을 때 그동안 회사가 대신해줬던 것들을 스스로 감당해야 하는 순간이 온다. 그때 당황하지 않으려면, 지금 이 순간에도 회사의 후광이 아닌 나 자신의 실력을 단련시켜야 한다.

작은 회사, 더 많이 배울 수 있는 기회가 되기도 한다

물론 이직 시 회사의 네임밸류는 중요하다. 하지만 작은 기업이 무조건 불리하다고 단정할 순 없다. 작은 조직에서는 더 많은 권한과 책임, 더 넓은 시야로 일할 수 있는 기회가 주어지기 때문이다. 특히 향후 창업을 꿈꾸는 사람이라면, 작은 회사에서 오너의 관점과 경영의 실제를 가까이서 경험해보는 것도 매우 의미 있는 시간이 된다. 대기업은 깊이를, 중소기업은 넓이를 준다. 둘 다 본인의 커리어를 다지는 좋은 재료가 된다.

이직, 신중히 선택하기

회사 배지의 힘은 이직 결정에도 영향을 미친다. 대기업으로의 이직은 안정성과 후광을 제공하지만, 그만큼 경쟁이 치열하고 역할이 세분화되어 있다. 반면, 중소기업이나 스타트업은 더 많은 책임과 자유를 주지만, 외부 인식이 약할 수 있다. 이직 시 회사 규모뿐 아니라, 그곳에서 얻을 수 있는 성장 기회를 고려해야 한다. 이직을 고민한다면, 단기적 후광보다 장기적 성장을 기준으로 선택하자. 예를 들어, 중소기업으로 이직한다면 그곳에서 어떤 프로젝트를 주도할 수 있는지, 어떤 스킬을 쌓을 수 있는지 구체적으로 따져보자. 반대로 대기업이라면, 전문성을 심화하거나 글로벌 네트워크를 구축할 기회가 있는지 확인하자. 어떤 회사든, 당신의 성장을 가속화할 곳을 선택하는 것이 중요하다.

신중한 이직, 미래를 위한 현명한 선택

반대로, 회사의 배경이 개인에게 미치는 영향이 크다는 점을 인지하고, 이직을 결정할 때 더욱 신중해야 한다. 누구나 이름만 들어도 알 만한 유명 대기업으로의 이직이라면 큰 고민 없이 결정할 수 있겠지만, 중소기업으로의 이직은 신중한 고려를 필요로 한다. 자신이 그곳에서 어떤 성과를 만들어내고, 어떤 성장을 이룰 수 있을지 단기적인 관점뿐만 아니라 장기적인 비전을 가지고 계획을 세우는 것이 중요하다. 물론 작은 기업으로 이직한다고 해서 개인의 역량이 폄하되거나 미래가 어두워지는 것은 결코 아니다. 대기업은 깊이 있는 전문성을 키울 수 있는 환경을 제공하고, 작은 기업은 다양한 업무 경험과 넓은 시야를 갖게 해주는 장점이 분명히 존재한다.

배지를 넘어 나를 키우기

회사 배지의 힘을 이해했다면, 이제 그 배경을 발판 삼아 개인 능력을 키울 차례다. 대기업에 소속되어 있다면, 풍부한 자원과 네트워크를 활용해 전문성을 깊이 쌓자. 예를 들어, 대규모 프로젝트에 참여하거나, 내부 교육 프로그램을 적극 이용해 새로운 스킬을 익히자. 반면, 중소기업이라면 다양한 업무를 경험하며 문제 해결 능력과 유연성을 키울 기회가 많다.

중요한 건, 어떤 환경이든 주어진 기회를 최대한 활용하는 태도다. 대기업에서든 스타트업에서든, 매일 반복되는 업무 속에서도 배우고 성장할 수 있는 부분은 분명 있다. 예를 들어, 데이터 분석 업무를 한다면 단순히 보고서를 작성하는 데 그치지 말고, 최신 분석 툴을 익히거나 결과를 개선할 방법을 고민해보자. 이런 작은 노력은 회사 배지를 떠나도 당신을 더 빛나게 할 개인 브랜드로 성장하게 한다.

회사를 통해 나를 성장시키자

결국 중요한 건 어떤 회사에 있느냐가 아니라, 그 안에서 내가 무엇을 했느냐다. 회사 배지를 자산으로 활용해 내 실력을 증명하고, 나의 브랜드 가치를 높이는 쪽으로 방향을 잡아야 한다. 만약 이직 후 주변의 반응이 식거나, 예전만 못하다는 느낌이 든다면, 오히려 그때가 진짜 실력을 증명할 기회일 수 있다. 그 환경에서 얼마나 빠르게 적응하고, 어떤 성과를 내느냐가 당신의 실질적인 경쟁력이 될 것이다.

회사의 힘을 빌려, 나라는 브랜드의 가치를 높여야 한다

우리는 회사라는 든든한 배경을 발판 삼아, 그 힘을 이용하여 자신의 역량을 최대한으로 끌어올리고, 실질적인 성과를 창출하여 '나'라는 개인의 브랜드 가치를 높이는 데 집중해야 한다. 영원히 특정 회사에 머물 수 있다는 보장은 그 어디에도 없다. 설령 평생을 한 회사에 몸담는다 해도, 퇴직 후에는 지금과는 다른 기준으로 평가받고 인식될 가능성이 크다. 이러한 현실을 직시하고, 회사에 속해 있는 동안 끊임없이 배우고 성장하며, 자신의 가치를 높이는 데 매진해야 한다.

창업을 꿈꾼다면

창업이나 사업을 꿈꾼다면, 소규모 기업에서의 경험은 특히 값지다. 중소기업이나 스타트업에서는 오너나 리더의 의사결정을 가까이에서 볼 기회가 많다. 예를 들어, 예산 관리, 고객 응대, 제품 출시 같은 전반적인 사업 운영을 관찰하며 실질적인 인사이트를 얻을 수 있다. 소규모 조직에서의 경험은 창업가에게 다재다능함을 키울 수 있는 경험이 된다. 소규모 환경의 경험은 창업에 대한 실전 훈련장과 같다.

퇴직 후를 준비하는 마음

대기업에서 평생 근무한다는 보장은 없다. 설령 평생 근무하더라도, 퇴직 후에는 회사 배지 없이 홀로 서야 한다. 따라서 재직 중에 지속 가능한 개인 브랜드를 구축하는 데 집중하자. 구체적으로, 업계 트렌드를 따라가고, 새로운 기술을 익히며, 네트워킹을 통해 관계를 쌓자. 예를 들어, 링크드인에서 업계 리더와 교류하거나, 세미나에 참석해 최신 동향을 학습하자. 또한, 성과를 기록하고 정리하는 습관을 들이자. 프로젝트 성공 사례, 매출 증가 수치, 문제 해결 사례를 구체적으로 기록하면, 이직이나 창업 시 강력한 포트폴리오가 된다.

매일의 노력이 만드는 차이

회사생활은 단거리 경주가 아니라 마라톤이다. 매일 반복되는 업무 속에서도 작은 도전을 설정하자. 예를 들어, 회의에서 한 번 더 의견을 내거나, 동료의 피드백을 적극 반영해 보고서를 개선해보자. 이런 작은 노력은 쌓여서 당신의 능력을 단단하게 만든다. 허송세월로 시간을 보내지 말고, 주어진 환경을 학습의 장으로 만들자. 대기업의 체계적인 프로세스든, 스타트업의 역동적인 분위기든, 그 안에서 배우고 성장할 기회는 항상 있다. 회사 배지는 빌린 옷일 뿐, 진짜 나를 빛나게 하는 건 매일의 노력과 성과다.

하루하루를 '버티는' 게 아니라, '쌓아가는' 시간으로

회사생활은 끝없는 반복처럼 느껴질 수 있다. 하지만 그 반복 속에서도 조금씩 쌓이는 나만의 경험과 학습은 결국 어디서든 나를 증명할 자산이 된다. 지금 소속된 조직이 크든 작든, 중요한 건 그 안에서 내가 얼마나 배우고 성장했는지다. 회사는 언제든 바뀔 수 있다. 하지만 나라는 사람은 어떤 회사에서든 존재할 수 있는 실력으로 증명돼야 한다.

회사 배지는 강력한 후광을 주지만, 그것이 나의 전부는 아니다. 대기업의 명함이 문을 열어줄 때도, 중소기업의 경험으로 성장할 때도, 중요한 건 그 환경에서 내가 무엇을 배우고 이루었느냐다. 이직을 고민한다면 회사 규모보다 성장 기회를 기준으로 선택하고, 창업을 꿈꾼다면 소규모 조직에서 실전 감각을 익히자. 매일의 작은 노력이 쌓여, 퇴직 후에도 빛나는 개인 브랜드를 만들 것이다. 회사 배지와 나를 분리해 생각하며, 진짜 내 힘을 키워가는 여정을 시작해보자.

7장

커리어 가이드

본인 업무 커리어를 설정하라

몇 살까지 일할 수 있을까?

나는 지금 어떤 경쟁력을 갖고 있을까?

스스로 설계하고 만들어가는 것이다.

이 장에서는 커리어 방향 설정, 헤드헌터와의 대화,

나만의 무기 찾기에 대해 이야기한다.

몇 살까지 일할 수 있을까?
나는 지금 어떤 경쟁력을 갖고 있을까?
커리어는 남이 만들어주는 게 아니라,
스스로 설계하고 만들어가는 것이다.
이 장에서는 커리어 방향 설정, 헤드헌터와의 대화,
나만의 무기 찾기에 대해 이야기한다.

1

몇 살까지
회사를 다닐 수 있을까?

"당신은 몇 살까지 회사를 다닐 수 있다고 생각하나요?"

이 단순한 질문 하나에 우리는 너무도 많은 복잡한 감정을 담게 된다. 요즘 같은 100세 시대, 일의 종착점은 어디쯤일까? 그리고 그 이후는 무엇을 준비해야 할까?

정년은 60세, 하지만 모두가 그때까지 일하는 건 아니다

우리나라 법정 정년은 만 60세다. 하지만 실제로 이 나이까지 안정적으로 일하는 사람은 생각보다 많지 않다. 한 자료에 따르면 50대 중반부터 이미 구조조정이나 권고사직 등으로 회사를 떠나는 사례가 많고, 자발적인 퇴직보다 회사의 결정에 의해 퇴직하는 경우가 많다고 한다. 실제 기업들은 50대 중반을 기준으로 후임 세대를 준비하려는 움직임을 보이고 있으며, 이 흐름은 대기업뿐 아니라 중견·중소기업에서도 점차 확대되고 있는 듯하며, 그 나이 연령은 점점 더 낮아지고 있는 것이 현실이다.

평균 직장생활 20~25년, 우리가 예상하는 것보다 짧다

대부분의 사람들이 대학교 졸업 이후 취업을 시작한다. 남성의 경우 군 복무를 포함하면 대략 28~30세에 첫 직장을 갖게 되고, 여성은 25세 전후가 일반적이다. 그렇다면 60세까지 일한다고 가정해도 직장생활은 약 30

년 남짓이다. 하지만 현실은 더 짧다. 실제로 30년 이상 한 조직에서 근속한 사례는 매우 드물며, 자료에 따르면 평균 근속 연수는 2023년 기준 약 6.9년 수준이라고 한다. 이직을 반복하는 구조 속에서 장기 근속은 더 이상 일반적인 경로가 아니며, 20년 정도의 커리어를 유지하는 것만으로도 안정적인 직장생활이라 여겨진다.

임원, 대표도 나이 제한이 있다

우리가 드라마나 기사에서 보는 젊은 임원이나 CEO가 미디어 속에 나오는 허상이라고 생각하지만, 이미 그런 사례가 실제로 나오고 있다. 30대 임원, 90년생 임원이 중소기업이 아닌 대기업 계열사에서 나오고 있는 상황이다(ex: CJ). 실제 기업 채용 시장에서는 대표이사나 임원을 채용할 때도 연령을 중요하게 본다. 일반적으로 대표 포지션은 50대 초중반, 임원급은 40대 중후반 정도를 선호하고 있는 상황이다. 당연한 말이겠지만, 1~2년 후 은퇴할 사람을 채용하길 바라는 회사는 드물기 때문이다. 조직에 오래 기여하고, 비전과 책임을 공유하고 성과를 낼 수 있는 인재를 찾고 있기 때문이다. 이러한 현실은 중간 관리자급에도 영향을 미친다. 부장이나 차장급이라 하더라도, 40대 중후반 이전에 한 단계 위로 올라서지 못하면 오히려 경력 단절의 위기에 직면할 수 있다. 여전히 '승진할 수 있는 적정 나이'가 존재하고, 그 시기를 넘기면 채용 시장에서 불리해지는 경우가 많다.

40대 중반, 이제 인생 2막을 준비할 때다

100세 시대라는 말은 희망이기도 하지만, 동시에 경고이기도 하다. 직장생활을 아무리 오래 해도 60세가 마지노선이다. 이후의 40년, 우리는 어떤 삶을 살아야 할까? 40대 중반은 인생 2막을 준비하기에 가장 적절한 시기다. 하지만 대부분은 이 시기를 놓치고, 막상 회사를 떠나고 나서야 준비를 시작한다.

내 이력서를 보는 사람은 누구일까?

40대 중반 이후에는 두 가지 선택지가 존재한다. 첫째는 기존 업무의 연장선에서 새로운 기회를 찾는 것, 예를 들어 프리랜서 컨설턴트, 외부 강사, 전문 직무로의 전환 등이 있다. 둘째는 전혀 다른 일을 새롭게 시작하는 것, 창업, 귀농, 전직 등이 이에 해당한다. 무엇을 선택하든 공통점은 '준비'가 필요하다는 점이다. 준비 없이 맞이한 퇴직은 충격이 크고, 삶의 만족도도 현저히 떨어진다.

정체성의 전환이 필요하다

20~30년간의 직장생활은 한 사람의 정체성을 완전히 규정짓는다. 하지만 퇴직 후에는 이 정체성이 무너진다. '나는 무엇을 할 수 있는 사람인가?'라는 질문에 답하지 못하면, 그 공백이 좌절로 이어진다. 그래서 40대부터는 직장인이라는 정체성 외에 또 다른 정체성(본인만의 브랜딩)을 만들어야 한다. 이는 시간과 노력이 들지만, 가장 강력한 인생 리스크 관리 수단이다. 현재 회사명, 직책 등은 지우고 본인을 나타낼 수 있는 명함이 무엇인지 한번 고민해보면 답을 알 수 있을 것이다.

회사를 믿고 가만히 있기엔, 세상은 너무 빨리 바뀐다

기술은 빠르게 바뀌고, 산업은 재편되고 있다. 직무도 사라지고, 기업도 문을 닫는다. 단순히 오래 다닌다고 해서 미래가 보장되지 않는 시대다. 오히려 30대 후반부터는 끊임없이 배우고, 연결하고, 확장해야 한다. 책을 읽고, 자격증을 따고, 사이드 프로젝트를 시작해보는 것도 좋다. 무엇이든 나를 확장시키는 활동은 모두 인생 2막의 씨앗이 된다.

결국 중요한 건 '언제까지 일할 수 있을까?'가 아니라 '무엇으로 오래 일할 수 있을까?'다

우리는 과연 몇 살까지 회사를 다닐 수 있을까? 대부분은 50대 중후반,

길게 보면 60세까지를 떠올리겠지만, 현실은 그보다 이른 40대부터 벽을 느끼는 경우도 적지 않다. 하지만 중요한 건 나이가 아니라, 무엇을 할 수 있느냐의 문제다. 평생 직장이라는 말은 이미 사라졌고, 이제는 평생 직업이 필요한 시대다. 회사 밖에서도 먹히는 나만의 무기를 지금부터 하나씩 준비해두어야 한다.

2

헤드헌터와 나누는 대화 속에서, 답을 찾을 수 있다

이직을 준비하며 수많은 회사와 포지션을 접하게 된다. 그 중엔 '이건 나랑 안 맞아.'라고 생각하고 스쳐 지나가는 제안들도 있다. 하지만 그 선택의 기준이 과연 충분한 정보 위에서 내려진 결정일까? 단 한 번, 헤드헌터와 대화를 나눠보는 것만으로도 전혀 다른 기회를 만날 수 있다.

거절하기 전에, 한 번은 들어봐야 하는 이유

"이 회사는 나랑 안 맞을 것 같아요." 처음 제안을 들었을 때 이런 반응이 나오는 경우가 많다. 하지만 그 뒤에 어떤 배경이 있는지, 회사의 방향성이 어떤지, 내가 모르는 이유가 있을 수 있다. 실제로 처음엔 거절했던 회사였지만, 헤드헌터와 통화를 헤보고 나서 '이 회시, 생각보다 괜찮다'며 다시 검토하게 된 사례도 많았다. 내가 모르는 정보가 있다면, 그건 대화 없이는 절대 알 수 없다.

열린 마음으로 포지션 탐색

처음엔 별로 매력 없어 보이는 포지션이라도, 바로 거절하지 말고 왜 이 포지션을 제안했는지 물어보자. 헤드헌터는 당신의 경력과 회사의 잠재적 기회를 연결한 이유를 설명해줄 수 있다. 예를 들어, 작은 스타트업의 포지션이 처음에 끌리지 않지만, 그 회사가 빠르게 성장 중이라면 경력에 큰 플러스가 될 수 있다.

면접 준비는 결국 정보력의 싸움이다

좋은 면접은 정보에서 시작된다. 포지션을 소개하고 면접을 안내할 때, 나는 내가 가진 정보를 모두 전달하려고 노력한다. 단순히 면접 시간과 장소만 안내하는 것이 아니다. 회사의 분위기, 경영진의 스타일, 조직 내 최근 이슈, 예상 질문의 흐름까지 최대한 상세히 설명하려 한다. 이유는 간단하다. 면접자가 최종 합격해야 비로소 나의 역할도 마무리될 수 있기 때문이다. 그래서 자연스레 회사에 대한 공부도 같이 하게 되고, 제품을 직접 사용해보거나 산업 동향을 체크하면서 나 역시 면접자 못지않은 정보를 갖추기 위해 노력한다.

면접 준비, 헤드헌터와 대화하면 뭐가 다를까?

면접 준비는 단순히 회사 정보를 외우는 것 이상이다. 홈페이지와 뉴스를 샅샅이 뒤지고, 제품까지 써보며 열심히 준비했는데도, 면접장에서 예상치 못한 질문에 당황하거나 회사 분위기를 잘못 읽어 답변이 엇나가는 경우가 있다. 이때 헤드헌터와의 대화는 게임체인저가 될 수 있다. 그들은 회사 내부 사정, 채용의 숨은 배경, 심지어 면접관이 선호하는 답변 스타일까지 다양한 정보를 가지고 있을 확률이 높다.

헤드헌터가 아는 것들,
이런 정보는 회사 홈페이지나 뉴스에서는 찾기 어렵다

헤드헌터는 단순히 이력서를 전달하는 중개인이 아니다. 그들은 회사와 후보자 사이의 다리 역할을 하며, 양쪽의 니즈를 깊이 이해한다. 예를 들어, 특정 포지션이 왜 열렸는지, 회사가 어떤 도전에 직면해 있는지, 리더들이 어떤 인재를 원하는지에 대한 정보를 수집한다.

헤드헌터는 또한 과거 채용사례를 통해 면접 질문 성향을 파악한다. 예를 들어, 특정 회사가 '팀워크'를 강조한다면, 면접에서 협업 경험을 묻는 질문이 자주 나온다. 또는 회사가 최근 매출 하락으로 고민 중이라면, 비용 절감이나 매출 성장 경험을 묻는 질문이 등장할 가능성이 높다. 헤드헌터의 정보는 면접관이 원하는 답변의 방향을 잡는 데 결정적이다.

면접관이 원하는 답은 어디에서 오는가

지원자는 보통 회사 홈페이지나 뉴스 검색, 제품 리뷰 등을 통해 정보를 수집한다. 하지만 그 이상의 질문, 예를 들어 '최근 내부 인력 구조 조정과 연관된 질문이 나올 수 있다' 같은 맥락은 인터넷에서 쉽게 찾기 어렵다. 이럴 때 헤드헌터와의 대화는 또 다른 차원의 정보 창구가 된다. 그동안 해당 회사를 몇 차례 진행했던 경험, 그 기업의 채용 방향, 인사 담당자의 스타일까지 체득된 노하우가 녹아 있기 때문이다. 심지어는 '왜 그 자리에 그 직무가 필요한가'에 대한 기업의 고민까지 전달받을 수 있다.

예상 질문 논의

헤드헌터에게 "이 포지션 면접에서 자주 나오는 질문은 뭔가요?"라고 물이보자. 그들은 과거 합격자나 불합격 사례를 바탕으로 어떤 질분이 중요한지 알려줄 수 있다. 예를 들어, 데이터 분석 포지션이라면 '최근 데이터 프로젝트에서 어떤 인사이트를 도출했나?' 같은 질문이 자주 나온다고 귀띔해줄 수 있다. 이런 정보는 답변을 미리 준비하는 데 큰 도움이 된다.

지인 찬스? 희박한 확률을 넘어선 현실적인 대안

회사 내부 사정을 속속들이 알고 있는 지인이 있다면 더할 나위 없이 좋겠지만, 현실적으로 그런 행운을 기대하기는 어렵다. 그렇다면, 우리가 놓치고 있는 숨겨진 정보를 효과적으로 얻을 수 있는 방법은 무엇일까? 그

해답은 바로 헤드헌터에게 있다.

　그들은 해당 포지션의 채용 배경, 회사의 전반적인 현재 상황과 미래 전망, 경영진의 고민과 사업 방향성 등 다양한 정보를 축적하고 있다. 이러한 정보가 당장 면접 질문과 직접적으로 연결되지 않을 수도 있지만, 그동안 진행되었던 채용의 흐름, 합격자와 불합격자의 특징, 면접에서 자주 등장했던 질문, 그리고 회사에서 왜 특정 포지션의 인재를 찾고 있는지에 대한 미묘한 뉘앙스를 파악하고 있다. 마치 오랜 경험을 통해 얻은 귀동냥처럼, 그들은 다방면에 걸친 정보를 은연중에 보유하고 있는 것이다.

귀동냥처럼 들려도, 정보는 정보다

　물론 헤드헌터도 전지전능한 것은 아니다. 정확히 어떤 질문이 나올지, 누가 면접을 볼지는 모른다. 그러나 여러 후보자의 피드백을 통해 면접에서 반복적으로 나오는 질문 유형, 선호하는 답변 방식, 합격자의 특징 등을 자연스럽게 체득하게 된다. 이런 정보는 대화를 하다 보면 우연히 흘러나오기도 하고, 지원자가 고민하고 있을 때, 이전에 봤던 사례를 들며 자연스럽게 힌트를 주기도 한다. 결국 정보란, 직접 찾은 것이든 귀동냥으로 얻은 것이든, 실전에 유용하면 그만인 것이다.

대화는 방향을 잡아준다

　한번은 지원자가 면접 예상 질문에 대해 고민을 털어놓은 적이 있었다. 답을 정리하지 못해 망설이고 있었는데, 그 자리에서 자연스럽게 대화를 이어가며 지원자 스스로 가장 설득력 있는 답변을 도출해낸 경우도 있었다. 누가 알려주는 것이 아니라, 듣고, 반응하고, 정리해가는 과정 속에서 자신만의 언어로 답을 찾은 것이다. 또한, 헤드헌터로부터 현재 회사의 주요 이슈나 진행 중인 다른 채용 포지션에 대한 정보를 얻게 되면, 면접관이 던지는 질문의 의도를 파악하고, 그들이 듣고 싶어 하는 답변을 할 가능성이 훨씬 높아진다. 그래서 면접 전 대화는 단순한 정보 교환을 넘어, 자기 생각을 다듬는 리허설이 되기도 한다.

헤드헌터가 제공하는 정보는 단순히 면접 예상 질문 리스트가 아니다. 그들은 그동안 쌓아온 경험과 다양한 기업의 채용 과정을 지켜보며 얻은 통찰력을 바탕으로, 면접의 본질을 꿰뚫는 조언을 해줄 수 있다. 그들은 산업 전반의 흐름을 이해하고, 경쟁사의 동향을 파악하며, 기업이 어떤 인재를 찾고 있는지 끊임없이 고민한다. 면접 전에 당신이 어떤 부분을 고민해야 하고, 어떻게 준비해야 할지에 대한 실질적인 가이드라인을 제시해 줄 수 있다.

면접의 핵심은 정보이며, 정보는 대화에서 나온다

면접은 단지 질문에 답하는 자리가 아니다. 얼마나 이해하고, 준비했는지를 보여주는 시간이다. 그런데 정보가 부족하다면, 진심이든 열정이든 전달되기 어렵다. 그럴 때 가장 가까이에서 실질적인 도움을 줄 수 있는 사람이 바로 그 포지션을 가장 많이 다뤄본 헤드헌터일지도 모른다. 가벼운 대화 하나가 나의 면접을 바꾸고, 결국 커리어의 방향까지 바꾸는 출발점이 될 수 있다.

스스로 준비하는 방법과 병행하기

헤드헌터의 정보가 유용하더라도 스스로 준비하는 노력은 필수다. 회사 홈페이지를 살펴보고, 최근 뉴스를 검색하며 기업의 방향성을 파악하자. 가능하다면 제품이나 서비스를 직접 체험해보자. 예를 들어, 소비재 회사라면 제품을 써보고 리뷰를 작성하거나, 앱 기반 서비스라면 사용자 경험을 분석해보자. 숫자 중심 포지션이라면 재무제표나 시장 보고서를 참고해 회사의 재무 상태를 이해하자. 이런 준비는 헤드헌터의 정보와 결합했을 때 더욱 강력해진다. 예를 들어, 헤드헌터가 '이 회사는 최근 아시아 시장 진출에 집중하고 있다'고 알려줬다면, 뉴스에서 관련 기사를 찾아보고, 면접에서 '아시아 시장의 소비자 트렌드'를 언급하며 답변을 강화할 수 있다. 철저한 회사 조사가 면접에서 차별화된 답변을 만든다.

대화는 때로 예상치 못한 기회의 문을 연다

결국 면접 준비의 핵심은 단편적인 정보를 넘어, 맥락을 이해하는 것이다. 그리고 그 맥락을 이해하는 가장 효과적인 방법 중 하나가 바로 헤드헌터와의 진솔한 대화이다. 그들은 당신이 미처 발견하지 못한 숨겨진 정보를 제공해 줄 뿐만 아니라, 당신 스스로가 해답을 찾고, 면접에 대한 자신감을 가질 수 있도록 돕는 든든한 조력자가 될 수 있다. 그러니, 면접을 앞두고 막막함을 느낀다면, 혹은 예상치 못한 제안을 받았다면, 망설이지 말고 헤드헌터에게 먼저 대화를 요청해보자. 그 대화 속에서 당신은 예상치 못한 귀한 정보를 얻게 될지도 모른다.

3

"왜 이직하려고 하세요?"

당신에게 던져지는 날카로운 질문

이직을 준비하는 많은 직장인들이 겪는 공통적인 순간이 있다. 바로 채용 담당자나 헤드헌터에게서 받는 질문, "왜 이직하려 하세요?"라는 말이다. 특히 지금 다니는 회사가 업계에서 인정받는 기업이고, 연봉과 복지 등 처우 또한 훌륭한 경우라면 이 질문은 더욱 예리하게 다가온다. 때로는 현재보다 낮은 인지도나 조건을 가진 회사로의 이직을 진행하는 경우, 그 의도에 대한 의구심은 더욱 커질 수밖에 없다.

이 질문은 단순한 호기심이 아니다. 이력서를 받은 채용 담당자나 결정권자 입장에서는 당연히 이직의 배경과 이유가 궁금할 수밖에 없다. 이직을 통해 어떤 문제를 해결하려는지, 또는 어떤 욕구를 충족시키고자 하는지를 파악함으로써, 지원자의 동기와 진정성을 가늠하려는 목적이 깔려 있다.

처우가 좋은데 왜 이직을 고민할까?

직장인의 이직 이유는 천차만별이다. 단순히 연봉이나 복지 향상만을 위한 선택은 아니다. 직무 만족도, 조직 문화와의 궁합, 성장 가능성, 업무의 자율성과 책임, 새로운 산업군에 대한 도전 욕구 등 다양한 요소들이 복합적으로 작용한다. 그 중에서도 성장에 대한 갈망이 큰 사람일수록, 현재의 안락함을 벗어나 더 큰 무대로 나가고자 하는 의지가 강하다.

하지만 모든 이직이 전략적인 것은 아니다. 간혹 직무에 대한 권태기, 상사와의 갈등, 회사의 미래 불안감 등 단기적인 감정에 기반한 선택이 이뤄지기도 한다. 이런 경우라면, 이직이 정말 적절한 선택인지, 그리고 객관적인 조건 변화가 뒷받침되는지 신중히 따져볼 필요가 있다.

실제로 많은 구직자들이 본인의 현재 위치나 시장에서의 가치를 정확히 인지하지 못한 채 이직을 희망하는 경우가 많다. 필자 역시 종종 이런 사례를 자주 만나게 된다. 경력과 직무 경험, 연봉 수준, 산업 내 평판 등을 종합적으로 볼 때 이미 우수한 위치에 있음에도 불구하고, 본인은 이를 크게 체감하지 못하는 경우가 매우 많다. 그러다 보니 오히려 "이 정도면 다른 데 가면 얼마쯤 받을 수 있을까요?"라고 되묻는 경우도 있다. 이직에 대한 갈증은 있지만, 실제 시장에서의 평가나 수요 흐름에 대한 이해는 부족한 셈이다.

이직, '해야 할 때'와 '하지 말아야 할 때' 구분해야 한다

이직을 결정하기에 앞서 꼭 따져봐야 할 것이 있다. 지금의 직무와 커리어가 중장기적으로도 유망한가? 현 직장에서 더 배울 것이 남아 있는가? 현재의 연봉과 복지, 조직문화는 다른 회사와 비교했을 때 경쟁력 있는가?

많은 사람들이 '지금보다 나은 조건을 원해서'라고 말하지만, 그 '나음'이 구체적으로 무엇인지 명확히 설명하지 못한다. 반대로, 현재의 회사가 객관적으로 매우 우수한 조건을 갖춘 곳임에도 불구하고, 단순한 피로감이나 주변 사람들의 영향으로 이직을 고민하는 경우도 많다.

이런 상황에서 필자는 되도록 현재의 위치와 조건을 다시 한번 객관적으로 인식시키고, 섣부른 이직이 오히려 커리어 리스크가 될 수 있음을 설명한다. 그저 '이직하세요.'라고 말하는 것이 아니라, 현재 처우와 성장 가능성, 시장에서의 위치까지 종합적으로 고려해서 조언을 하고 있다.

특히 많은 이들이 주변의 사례에 과도하게 영향을 받는다. '지인이 A기업으로 옮겼는데 연봉이 20% 올랐더라.', '저 회사는 들어가면 스톡옵션을 준다더라'는 말에 흔들리기 쉽다. 하지만 이는 매우 제한적인 사례일 수 있고, 정확한 배경 정보 없이 섣불리 따라가는 건 위험하다. 이직은 절대 비교가 아니라, 철저히 자신의 커리어 전략 안에서 판단해야 한다.

나의 '시장 가치'를 정기적으로 점검하라

이직 여부와 무관하게, 지금 이 순간 나의 가치가 시장에서 어느 정도 수준인지를 파악하는 일은 중요하다. 이는 단순한 연봉의 높고 낮음만을 뜻하지 않는다. 어떤 산업군에서 나를 필요로 하는지, 현재 내 경력이 경쟁력 있는지, 혹은 부족한 점은 무엇인지 등을 확인할 수 있는 유일한 방법이기 때문이다.

정기적으로 이력서를 업데이트하고, 주요 채용 플랫폼에 등록해 두는 것도 좋은 방법이다. 실제 이직 의사가 없더라도, 채용 시장에서 어떤 반응이 오는지를 살펴보면 자신의 위치를 파악할 수 있다. 또한 기업들의 채용 공고나 트렌드를 통해 어떤 역량이 각광받는지, 어떤 자격증이나 경험이 우대받는지도 파악할 수 있다.

이력서 작성도 중요한 루틴 중 하나다. 연말 고과평가 시점, 반기 단위, 혹은 프로젝트 종료 직후 등 주요 구간마다 자신의 업무 성과, 프로젝트 참여 내용, KPI 달성률 등을 기록해 두는 습관이 필요하다. 시간이 지나면 금세 잊히기 마련이고, 막상 이직을 준비하려 할 때는 정작 '내가 무엇을 했는지'조차 기억나지 않는 경우가 생긴다.

이직은 '준비된 자'에게만 기회가 된다

마지막으로 강조하고 싶은 점은, 이직은 준비된 사람에게만 제대로 된 기회가 온다는 것이다. 아무리 좋은 조건의 제안이라도, 준비가 되지 않은 상태에서는 스스로를 어필할 수 없고, 채용 과정에서 자신의 강점을 설득력 있게 전달하기 어렵다. 시장과 소통하고, 본인의 커리어를 수시로 점검하며, 자신에게 맞는 방향성과 속도를 설정하는 것. 그것이 바로 '전략적 이직'이며, 동시에 '성장하는 커리어'를 위한 필수 조건이다.

"왜 이직하려 하세요?"라는 질문은 그저 겉으로 드러난 이유만을 묻는 게 아니다. 당신이 스스로의 커리어를 어떻게 바라보고 있는지, 앞으로 어떤 방향으로 나아갈지를 가늠하려는 핵심 질문이다. 이 질문 앞에서 흔들리지 않기 위해서는 스스로의 위치를 정확히 파악하고, 채용 시장과 끊임없이 소통하며, 준비된 자세를 유지해야 한다. 이직을 고민하고 있는 지금, 당신의 커리어는 어디쯤 와 있는가? 그리고 그 고민은 단순한 충동이 아닌, 진짜 성장의 방향을 향한 선택인가? 답은 당신 안에 있다.

4

서류 합격은
헤드헌터 능력이다?

헤드헌터 제안을 받았는데도 서류 탈락? 그게 가능한가?

"서류 합격은 헤드헌터 능력이다. 당신은 무능한 헤드헌터다."

서류 탈락 통보를 받은 어느 후보자가 내게 했던 말이다. 순간 당황스러웠고, 황당했다. 통화를 마치며 그는 "두 번 다시 연락하지 마라."는 말을 남겼고, 이후에도 포지션 검색 중에 몇 번 그의 이력서를 다시 보게 되었지만, 더 이상은 제안하지 않았다.

비슷한 사례는 또 있었다. 어떤 후보자는 서류 탈락 안내에 "내가 그런 회사 면접도 못 볼 사람이냐!"며 격하게 반응했다. 자존심이 상한 것 같았지만, 결과를 받아들이지 못하는 상황에서 다음 기회를 얻기는 더욱 더 힘들 것이다. 이직 시장은 감정을 통제할 줄 아는 태도와 전략이 필요하다. 한 번의 대응이 다른 헤드헌터, 더 나은 기업과의 연결 고리를 막을 수도 있기 때문이다.

헤드헌터는 추천인이지, 결정권자가 아니다

생각보다 많은 후보자들이 오해한다. 헤드헌터가 연락을 줬다는 건 이미 서류는 통과된 것이며, 이제 면접만 남았다고 착각한다. 하지만 현실은 그렇지 않다. 헤드헌터는 기업의 채용 파트너일 뿐이지, 결정권을 가진 인사 담당자가 아니다. 회사의 포지션에 적합하다고 판단되는 인재를 추천하고,

강점을 어필하고, 필요 시 보완 자료도 제시한다. 하지만 그 모든 노력 이후, 최종 서류 합격 여부는 기업 내부의 판단으로 결정된다.

오히려 어떤 헤드헌터들은 마치 자신이 채용 결정권이라도 있는 듯한 태도를 취하기도 하는데, 이는 업계 신뢰를 해치는 행동이다. 진짜 실력 있는 헤드헌터일수록 '선 긋기'를 명확히 한다. 마치 본인이 추천하면 회사에서 다 면접을 보게 해주는 것처럼 어필하거나 회사 인사 임원과의 친분을 과시하는 헤드헌터도 있는데, 올바른 방법은 아니라고 생각을 한다.

서류 탈락 사유는 생각보다 비합리적일 수 있다

기업의 서류 검토 기준은 외부에서 보기엔 불합리하게 느껴질 수 있다. '경력 부족'이나 '조건 미달'처럼 명확한 기준이 있을 때도 있지만, 때로는 매우 주관적이고 개인적인 기준이 작용하기도 한다.

예를 들어, 다음과 같은 경우가 있다.
- 특정 학교 출신을 선호하거나 기피하는 팀장
- 과거 지원자의 경력 중 특정 기업 출신에 대한 선입견
- 나이, 성별, 경력 단절 여부 등의 외적인 요소
- 현재 팀원 구성과의 조화나 성향 문제

이런 요소들은 대부분 공개되지 않으며, 후보자는 이유조차 모른 채 탈락 통보를 받는다. 더욱이 서류 평가가 다수 지원자를 빠르게 검토해야 하는 환경에서 이뤄지는 만큼, 때로는 이력서의 한 문장, 한 단어로 인해 결과가 결정 나기도 한다. 그렇기 때문에 서류 탈락을 헤드헌터 능력으로만 판단하는 건 구조를 잘못 이해한 셈이며, 비생산적인 감정 소모로 이어질 수 있다.

내 이력서를 보는 사람은 누구일까?

서류 탈락 후 부활(?)하는 경우도 있다

가끔 헤드헌터는 아쉽게 탈락한 후보자에 대해 '재검토 요청'을 하기도 한다. 기업에 다시 한 번 설명하거나, 별도 자료를 요청해 보내며 적극적으로 설득하는 경우다. 이런 노력을 통해 면접 기회를 얻는 경우도 있다. 하지만 이는 매우 예외적인 상황이다.

기업 입장에서 납득할 만한 사유가 있어야 하며, 그렇지 않으면 번복은 이뤄지지 않는다. 간혹 이런 상황을 본 적 없는 후보자들은 헤드헌터의 영향력을 과대평가하거나 반대로 과소평가하는데, 둘 다 위험한 판단이다. 이직의 성공은 종종 타이밍, 운, 조직의 내부 사정 같은 외부 요인에 따라 갈리기도 한다.

감정적 대응은 다음 기회를 막는다

이직 시장은 좁다. 그리고 헤드헌터는 많은 후보자를 기억한다. 특히, 감정적으로 반응했던 순간은 오래 기억된다. 이런 기억은 단지 제안 여부뿐 아니라, 나중에 평판 조회 과정에서 영향을 미친다. 비공식적인 질문이더라도, "이분 어떤가요?"라고 묻는 순간이 오면, 기억은 자연스럽게 반응하게 된다. 공식적으로 부정적인 말을 하지 않아도, 좋은 답을 하기는 어려운 상태가 되는 것이다. 결국, 감정의 표현이 다음 기회를 막는 결과가 되기도 한다.

채용 시장에 대한 이해는 기본이 되어야 한다

채용은 단순한 스펙 경쟁이 아니다. 사람과 조직 사이의 관계, 커뮤니케이션, 조직 적합성, 내부 기준 등이 복합적으로 작용하는 영역이다. 헤드헌터는 그 중간에서 균형을 잡고, 기회를 연결하는 '설득의 중개인'일 뿐이다. 모든 결과가 헤드헌터의 능력으로만 좌우된다고 믿는 순간, 시장을 오해하게 된다. 그 오해는 결국 자신의 이직 기회를 좁히고, 감정적인 반응으로 이어지며, 신뢰를 잃게 만든다. 더 나아가, 헤드헌터는 단기 성과도 중요하지만, 장기적 관계도 중요하게 생각을 한다. 이직을 하지 않더라도 인상이 좋은 후보는 이후 더 좋은 기회가 생겼을 때 가장 먼저 떠올리게 된다.

이직은 감정이 아닌 전략으로 접근해야 한다

결과는 때로 예상과 다르다. 그렇기에 그 결과를 받아들이는 태도가 더 중요하다. 탈락이라는 경험을 '과정의 일부'로 받아들일 수 있다면, 다음 기회는 반드시 찾아온다. 그리고 그 기회를 연결하는 통로에는 늘 사람이 있다. 그 사람과의 신뢰가 다음 기회를 만든다.

5

당신만의 시그니처 경쟁력을 만들어라

당신의 시그니처 경쟁력은 무엇일까? 나만의 강점을 만드는 법

TV 다큐에서 본 작은 빵집의 이야기가 아직도 생생하다. 대형 프랜차이즈가 골목 상권을 잠식해도, 독창적인 시그니처 메뉴로 먼 곳에서 고객을 끌어모으는 빵집이 있었다. 크로와상을 붕어빵 틀에 구워 크림을 채워서 새롭게 탄생한 메뉴들. 이들은 평범한 빵에 한 번 더 정성을 더해 독보적인 경쟁력을 만들었다. 채용 시장과 직장생활에서도 이와 같은 시그니처 경쟁력이 필요하다. 수많은 동료와 지원자 속에서 나를 빛나게 할 나만의 무기는 무엇일까?

시그니처 경쟁력의 의미

대전 성심당의 튀김소보루는 평범한 소보루빵을 한 번 더 튀겨 독창적인 맛을 만들었다. 이런 시그니처는 작은 빵집이 대형 프랜차이즈와 경쟁하며 살아남는 비결이다. 직장생활도 마찬가지다. 수많은 동료와 경쟁 속에서 나만의 강점을 만드는 건 선택이 아니라 필수다. 같은 직무를 하는 수십, 수백 명의 동료와 경쟁하며, 회사에서 핵심 인재로 인정받으려면 나만의 강점이 필요하다. 동기, 선배, 후배와의 경쟁은 피할 수 없다. 억울해하기보다, 나의 시그니처를 개발해 차별화된 가치를 만드는 게 현실적이다. 이 시그니처는 어학, 자격증, 소통 능력, 심지어 직무와 무관한 취미일 수도 있다. 중요한 건, 그것이 당신을 돋보이게 한다는 점이다.

무기 없는 평범함으로는 살아남기 어렵다

우리는 경쟁 속에 살고 있다. 직장에서 동료와, 면접장에서는 타 지원자와, 시장에서는 수많은 인재와 비교된다. 대기업, 고스펙, 유창한 언변… 결국 평준화된 조건에서 누가 더 특별한지를 묻는 질문이 반복된다. 이럴 때 필요한 게 바로 '나만의 시그니처'다. 그것은 자격증일 수도 있고, 어학 능력, 유관 프로젝트 경험, 성격의 장점, 업무에 대한 열정일 수도 있다. 다른 누군가가 쉽게 흉내 낼 수 없는, 오직 나만의 무기.

시그니처의 시작, 나만의 강점 찾기

시그니처 경쟁력은 거창할 필요 없다. 작은 차별화가 큰 기회로 이어질 수 있다. 몇 가지 예를 살펴보자.

1) 제2외국어와 글로벌 기회

매일 반복되는 업무 속에서도, 제2외국어를 유창하게 구사한다면 어떨까? 회사에서 글로벌 프로젝트가 시작될 때, 당신은 자연스럽게 주목받는다. 예를 들어, 일본어에 능통한 마케터라면 일본 시장 진출 프로젝트에서 핵심 역할을 맡을 가능성이 크다. 어학은 직무와 직접 관련 없어도, 새로운 기회를 열어주는 시그니처가 될 수 있다.

2) 소통과 평판의 힘

동료와 두루 잘 지내고, 부서 간 소통에서 좋은 평판을 얻는다면, 이는 강력한 시그니처가 될 수 있다. 예를 들어, 프로젝트에서 유관 부서의 협력을 쉽게 얻어내거나, 팀 분위기를 밝게 만드는 사람은 리더십 포지션으로 추천받기 쉽다. 좋은 평판은 보이지 않는 자산이자, 기회를 부르는 시그니처다.

3) 업무 성과의 독보적 기록

특정 스킬이나 소통이 부족하더라도, 본업에서 최고의 성과를 낸다면 그것만으로 시그니처가 될 수 있다. 예를 들어, 마케팅 직원이 캠페인으로 매출을 20% 늘렸다면, 이는 산업 내에서 주목받는 기록이 된다. 이런 성과는 스카우트 제안으로 이어질 수 있다.

채용 시장에서도 시그니처는 힘을 발휘한다

한 조사에 따르면, 기업 인사 담당자 72%는 '기술보다 태도와 개인 역량의 특수성'을 인재 판단 기준으로 꼽았다. 이는 더 이상 정해진 기준만으로 인재를 평가하지 않는다는 뜻이다. 즉, '누가 더 잘하느냐'가 아니라, '누구만이 할 수 있느냐'의 시대다. 똑같은 업무라도 그 안에서 한 번 더 고민하고, 새로운 가치를 더해낼 수 있는 사람이 주목받는다.

시그니처가 가져오는 보상

시그니처 경쟁력은 단순히 차별화를 넘어 인정과 보상으로 이어진다. 회사에서 핵심 인재로 평가받으면 고과가 올라가고, 승진 기회가 늘어난다. 더 나아가, 업계에서 유능한 인재로 소문나면 다른 회사로부터 스카우트 제안을 받을 수도 있다. 예를 들어, 데이터 분석으로 독보적 성과를 낸 직원은 경쟁사에서 더 높은 연봉과 포지션을 제안받을 가능성이 크다. 또한, 시그니처는 자신감을 준다. 동료와 비교하며 위축될 때, 나만의 강점을 떠올리면 당당해진다. 개인의 독특한 강점이 경력 만족도와 자신감을 높여주며, 시그니처 경쟁력은 이런 성장 기회를 스스로 만드는 원동력이다.

직무와 무관한 시그니처의 힘

시그니처가 반드시 직무와 관련 있을 필요 없다. 예를 들어, 취미로 사진을 찍는다면, 회사 이벤트에서 사진을 찍으며 팀에 기여할 수 있다. 이런 작은 강점은 부서 간 협업이나 네트워킹에서 예상치 못한 기회를 열어준다. 심지어, 직무와 무관한 자격증(ex: 요가강사, 바리스타)도 독특한 매력으로 작용할 수 있다. 나만의 색깔을 두려워하지 말고 키워가자.

작은 차이가 차별화를 만든다

성심당의 튀김소보로처럼 이미 완성된 제품에 '한 번 더'를 더하는 방식. 이건 단순히 빵 이야기가 아니다. 업무에서도 마찬가지다. 마감한 보고서에 시각 자료 하나를 더 추가한다면? 동료보다 먼저 회의를 정리해 공유한다면? 타 부서 요청에 적극적으로 응대하면서 인지도를 높인다면? 이런 사소한 한 걸음이, 당신만의 시그니처 업무 방식이 될 수 있다.

시그니처를 만드는 과정

시그니처 메뉴를 만드는 빵집은 수많은 시행착오를 거친다. 크로와상을 붕어빵 틀에 굽고, 크림을 채우는 과정은 단순히 빵을 만드는 게 아니라, 독창성을 더하는 노력이다. 직장에서도 마찬가지다. 시그니처 경쟁력을 만드는 데는 지속적 노력과 업그레이드가 필요하다.

1) 시행착오와 학습

빵집이 새 메뉴를 개발하듯, 자신의 강점을 찾는 데는 시간이 걸린다. 예를 들어, 데이터 분석을 시그니처로 삼고 싶다면, 엑셀을 넘어 파이썬이나 태블로 같은 툴을 익히자. 처음엔 실패하더라도, 작은 프로젝트에서 성과를 내며 자신감을 쌓아가자. 시행착오를 두려워하지 말고, 배우는 과정을 즐기자.

2) 한 번 더 정성 들이기

대전 성심당은 소보루빵을 튀겨 튀김소보루를 만들었다. 이미 완성된 빵에 한 번 더 공정을 추가한 결과다. 직장에서도 업무를 마무리한 후, 한 번 더 업그레이드하는 습관을 들이자. 예를 들어, 보고서를 작성했다면, 데이터 시각화를 추가해 더 직관적으로 만들자. 이런 작은 정성은 동료와 차별화된 결과를 낳는다.

3) 지속적 업그레이드

시그니처 메뉴가 성공하면 카피캣이 등장한다. 빵집은 새로운 메뉴를 개발하거나 원조의 맛을 업그레이드하며 경쟁력을 유지한다. 직장에서도 마찬가지다. 예를 들어, 어학을 시그니처로 삼았다면, 단순히 유창함에 그치지 말고 최신 산업 용어를 익히거나, 문화적 뉘앙스를 이해하자. 지속적 개선은 시그니처를 오래 유지하는 비결이다.

시그니처는 곧 인정이고, 인정은 기회로 연결된다

한 직장에서 시그니처 역량을 만들면, 그 영향력은 다른 곳에서도 유효하다. 이직 시장에서도, 내부 평가에서도, 누군가의 추천에서도 '그 분야는 이 사람이지.'라는 공식이 생긴다. 매일 반복되는 업무라도 거기서 나만의 해석과 의미를 부여하고, 조금 더 빠르게, 조금 더 깊게 파고들다 보면 어느 순간, 그 일이 '내 일'이 되고, '내 무기'가 된다.

전문가가 되는 것이 아니라, '차별화된 존재'가 되는 것

모든 직무에서 최고가 될 필요는 없다. 다만, 내가 맡은 일에서만큼은 누구보다 진지하게, 성실하게, 그리고 창의적으로 접근해야 한다. 그렇게 만들어진 결과물은 복제할 수 없다. 시그니처는 노력의 흔적이자, 반복의 집약체이기 때문이다.

작은 차이가 만드는 큰 기회, 평범함 속에 숨겨진 나만의 특별함

매일 반복되는 일상적인 업무 속에서도, 동료들과 차별화되는 나만의 강점을 발견하고 발전시키는 것이 중요하다. 예를 들어, 동료들은 어려워하는 제2외국어에 능통하다면, 글로벌 사업이 추진될 때 나에게 예상치 못한 기회가 찾아올 수도 있다. 또한, 주변 동료 및 직장 구성원들과 원활하게 소통하고 좋은 관계를 유지하며 긍정적인 평판을 쌓는다면, 다른 부서와의 협업이나 프로젝트 수행 시 도움을 얻기 용이하고, 이는 곧 새로운 기회로 이어질 수 있다. 만약 특별히 내세울 만한 재능이 없다면, 반대로 주어진 본인 업무에서 최고의 성과를 만들어내는 것 또한 강력한 경쟁력이 될 수 있다. 자신이 맡은 업무를 회사 내 최고 수준으로 완수하고, 더 나아가 업계에서도 인정받는 뛰어난 성과를 낸다면, 그 분야의 유능한 인재로 평가받게 되고, 다른 회사로부터 매력적인 스카우트 제의를 받을 수도 있다.

시그니처는 선택이 아니라 생존이다

이직, 채용, 경력 관리… 어떤 길을 선택하든 결국 중요한 건 나만의 색깔이다. 그것이 업무 성과든, 커뮤니케이션이든, 태도든, 누가 대신할 수 없는 무기 하나쯤은 꼭 가지고 있어야 한다. 그리고 그 시작은 어렵지 않다. 오늘 맡은 업무에 한 줄의 정성을 더하고, 한 번 더 고민해보는 것. 그 조그만 차이가 결국 '이 사람만의 경쟁력'으로 남는다.

작은 빵집이 대형 프랜차이즈와 경쟁하려면 시그니처 메뉴가 필요하다. 직장생활에서도 나만의 시그니처 경쟁력은 수많은 경쟁자 속에서 빛을 발한다. 제2외국어, 소통 능력, 업무 성과, 심지어 취미까지, 어떤 강점이든 지속적 노력으로 가공하자. 크로와상을 붕어빵 틀에 굽고, 소보루빵을 튀기듯, 한 번 더 정성을 더하면 독보적인 결과물이 나온다. 당신의 시그니처는 무엇인가? 본인 강점을 찾아 한 걸음 더 내디뎌보자.

내 이력서를 보는 사람은 누구일까?

6

본인 업무
커리어를 설정하라

커리어 성장의 핵심 : 단계적 빌드업

헤드헌터로서 다양한 지원자의 이력과 경력을 분석하다 보면, 성공적으로 커리어를 쌓아 C레벨 임원으로 성장한 사례를 자주 접하게 된다. 다양한 산업군과 직무가 존재하지만, 공통적인 특징은 체계적인 커리어 빌드업이 이루어졌다는 점이다. 즉, 목표하는 방향성을 설정하고 단계별로 경력을 발전시켜 왔다는 것이다.

일반적으로 산업군이 크게 변경되지 않는 한, 기업 내 직무 이동의 기회는 순환보직, 사내공모 등의 형태로 주어진다. 연구개발(R&D)이나 생산직처럼 특정 분야에서 깊이 있는 전문성을 쌓아야 하는 직무도 있지만, 인사, 재무, 영업, 마케팅과 같은 직무는 전환이 가능하다. 그러나 연차가 쌓일수록 새로운 직무로의 이동은 점점 어려워지며, 명확한 커리어 목표 없이 변화를 시도하면 오히려 커리어의 방향성을 잃을 수 있다. 따라서 장기적인 커리어 로드맵을 구축하는 것이 필수적이다.

경력 전환과 성장 : 직무 징검다리를 활용하자

많은 사람들이 영업에서 시작해 마케팅, 전략, 기획 부서로 이동하는 경로를 밟는다. 이는 영업이라는 넓은 풀에서 시작해 점차 인원이 적은 핵심 부서로 이동하는 방식이며, 이러한 경로를 거친 사람들이 임원으로 성장하는 경우가 많다. 물론 영업만으로도 영업팀장이나 영업 임원으로 성장할 수 있지만, 조직이 커질수록 다양한 부서를 관리해야 하므로 다양한 직무 경험이 요구된다. 기업 오너 입장에서도 영업뿐만 아니라 마케팅, 기획 등 다양한 경험을 갖춘 인재를 선호할 가능성이 높다.

본인의 직무 전환 가능성을 고려할 때는 '직무 징검다리' 개념을 활용하는 것이 중요하다. 즉, 현재 맡고 있는 직무와 연관성이 높은 직무를 거쳐 최종 목표로 나아가는 전략이 필요하다. 예를 들어 영업 직군 출신자는 마케팅이나 기획 부서로 이동이 가능하지만, 연구개발(R&D)로 이동하는 것은 현실적으로 어렵다. 반대로 연구개발 직군에서 영업이나 마케팅으로 전환하는 사례는 존재하지만, 반대의 경우는 극히 드물다. 또한 인사, 교육, 총무 등의 업무는 서로 연관성이 있어 경영지원 총괄 포지션을 목표로 한다면 다양한 경험을 쌓는 것이 유리하다. 특히, 교육, 총무 출신이라면 인사 업무를 꼭 경험할 수 있도록 준비하지 않으면 나중에 성장에 한계를 느낄 수도 있다.

커리어 목표 설정의 중요성

본인의 업무 커리어를 설정할 때 가장 중요한 것은 명확한 목표와 단계별 실행 계획을 수립하는 것이다. 단순히 현재 주어진 업무를 수행하는 것에 그치지 않고, 다음 단계를 위한 준비를 병행해야 한다. 이를 위해 다음과 같은 전략을 활용할 수 있다.

1) **장기적인 커리어 플랜 수립** : 본인이 원하는 최종 목표(ex: 임원, 특정 분야의 전문가 등)를 설정하고, 이를 달성하기 위해 필요한 경험과 직무 이동 계획을 수립한다.
2) **정기적인 피드백 및 멘토링** : 상사나 업계 선배와의 상담을 통해 본인의 성장 방향성을 공유하고, 이에 대한 피드백을 받는다.

3) 성과 중심의 업무 수행 : 단순한 업무 처리자가 아니라, 성과를 창출하는 인재가 될 수 있도록 목표 지향적인 업무 방식을 적용한다.

4) 관련 직무 경험 확대 : 본인의 목표에 맞는 직무로의 이동이 가능하도록 현재 직무와 연관된 경험을 쌓는다.

커리어 성장의 장애물 : 기회 상실을 막아라

대부분의 직장인은 당장의 업무에 몰두하며 장기적인 커리어 플랜을 간과하는 경우가 많다. 그러나 시간이 지나면서 동기나 후배가 상사가 되는 상황을 마주할 수도 있다. 이때 억울함을 느껴도 회사는 개인의 감정보다는 성과와 역량을 기준으로 평가하기 때문에, 미리 대비하지 않으면 기회를 잃게 된다.

커리어 전환을 계획할 때는 본인의 직무 연관성을 고려해야 하며, 이를 간과하면 이동이 어려운 상황에 처할 수 있다. 예를 들어 인사, 교육, 총무 등의 직무를 경험한 사람이라면 경영지원 총괄 포지션으로 성장하기 위해 인사 업무를 추가적으로 경험해야 한다. 반면, 특정 분야에서만 경력을 쌓은 경우 확장성이 제한될 수 있다.

결론 : 계획적인 커리어 전략이 미래를 결정한다

직무별 성장 단계와 발판을 인지하고 커리어를 설계하는 것은 장기적인 성공을 위한 필수 요소이다. 무작정 다양한 경험을 쌓으려 하기보다는, 본인의 목표에 맞는 전략적인 접근이 필요하다. 커리어 계획을 수립하는 과정에서 전문가와 상담하거나, 업계에서 성공한 선배들의 경로를 분석하는 것도 도움이 된다. 본인의 커리어 방향성을 명확히 설정하고, 체계적으로 단계를 밟아 나갈 때, 원하는 목표를 달성할 가능성이 더욱 높아질 것이다.

헤드헌터는 기업을 알리는
최전방 홍보 전략가이다

중소·중견기업이나 B2B 전문 기업은 제품력이나 복지가 뛰어나도 인지도가 낮아 우수 인재 확보에 어려움을 겪는다. 이때 헤드헌터는 단순 채용 중개인이 아니라 기업을 외부에 알리는 '브랜딩 파트너' 역할을 수행한다. 회사의 비전, 구성원 분위기, 투자 상황, 조직 구조 등 다양한 정보를 분석해 후보자에게 전달하며, 단순 공고가 아닌 설득을 이끌어낸다.

특히 이직 의사가 없는 현직자에게 회사를 소개하려면 단순한 설명을 넘어 깊이 있는 '설득'이 필요하다. 이를 위해 기업은 헤드헌터에게 회사 소개 자료, 조직도, 비전, 복지 정보 등을 공유해야 한다. 신생 기업의 채용사례 경우, 정보가 없는 상태에서도 대표의 커리어와 비전을 근거로 인재를 설득해 성공적으로 입사까지 연결된 경우도 있다.

실제로 채용 과정에서 구직자가 신뢰하는 정보 출처 2위가 헤드헌터의 설명이라는 조사 결과는, 헤드헌터의 설명력이 기업 홍보의 핵심 전략임을 보여주는 사례이다.

헤드헌터 사용설명서

1

헤드헌터는
어떤 일을 할까?

"직업이 뭐예요?"라는 질문에 "헤드헌터입니다."라고 대답하면 대부분은 채용 담당자로 이해하거나, 생소해하며 "그게 뭐예요?"라고 되묻는다. 특히 사회초년생은 포지션 제안을 스팸이나 유료 직업소개소로 오해하는 경우도 많다. 헤드헌터는 취업 시장의 부동산 중개인과 같다. 기업과 구직자 사이에서 인재를 연결하고, 채용 전 과정을 지원하는 전문 중개인이다. 기업이 원하는 인재를 찾기 어려울 때, 헤드헌터에게 채용을 의뢰하고, 헤드헌터는 기업의 조건에 맞는 후보자를 탐색해 포지션을 제안하고 이력서를 전달한다.

기업과 구직자, 양쪽을 잇는 전략 파트너

기업은 사업 확장, 조직 개편, 인력 공백 등 다양한 이유로 빠른 채용이 필요하다. 공고만으로 적합한 인재를 찾기 어렵거나 비공개 채용이 필요한 경우, 헤드헌터는 빠르게 적합한 인재를 선별해 추천한다. 그 덕분에 채용 과정이 단축되고, 인재의 질도 높아진다. 특히 인지도가 낮은 기업은 헤드헌터를 통해 지원자에게 회사를 알리는 간접 홍보 효과도 얻는다. 회사의 비전, 문화, 제품에 대해 설명하며 기업 인지도까지 끌어올릴 수 있기 때문이다.

지원자에게도 유용한 채널

헤드헌터는 후보자에게 수수료를 청구하지 않는다. 수수료는 채용이 성사된 뒤 기업에서 지급한다. 이직을 고민하는 사람에게 헤드헌터는 숨겨진 포지션, 비공개 채용 정보를 제공하고, 이력서 첨삭, 면접 전략, 연봉 협상 등 다양한 지원을 해준다. 주니어부터 임원급까지 다양한 포지션을 다루며, 신입 채용이 진행되는 경우도 있다. 구직자에게는 직무 제안부터 입사까지의 전 과정을 함께하는 든든한 파트너가 된다.

기업이 헤드헌터를 활용하는 이유

1) **채용 시간 단축** : 기존 공고 방식보다 빠르게 적합한 인재 확보
2) **우수 인재 접근** : 수동적 구직자(현재 재직 중인 인재)까지 탐색 가능
3) **민감 정보 보호** : 구조조정, 신규 사업 등 외부에 노출하기 어려운 정보 보호
4) **홍보 효과** : 후보자에게 기업을 소개하며 자연스럽게 이미지 제고

회사는 사람을 뽑는 데 그치지 않고, 헤드헌터를 통해 업계 흐름과 시장 정보까지 함께 얻는다.

오해는 여전하다

헤드헌터에 대한 대표적인 오해는 비용 청구 여부다. 실제로는 후보자에게 금전적 요구는 없으며, 기업으로부터 수수료를 받는다. 또 고위직만 다룬다는 인식도 있지만, 신입과 실무직 포지션도 활발히 진행된다.

효과적으로 헤드헌터와 일하는 법

1) **솔직한 커뮤니케이션** : 원하는 연봉, 직무를 명확히 전달
2) **구체적인 이력서 작성** : 경력과 성과를 분명하게 기재
3) **열린 태도 유지** : 제안이 기대에 못 미쳐도 이유를 듣고 판단

내 이력서를 보는 사람은 누구일까?

헤드헌터는 단순한 중개인이 아닌, 경력 성장의 파트너다. 열린 마음으로 대화를 나누다 보면, 생각지 못한 기회를 발견할 수도 있다.

헤드헌터는 취업 시장의 연결고리

기업에는 빠르고 정확한 인재 추천을, 지원자에게는 전략적 이직 기회를 제공하며, 양측의 니즈를 조율하는 존재다. 때로는 오해를 받지만, 결국 헤드헌터는 정보와 사람을 연결해주는 조율자이자 조력자다. 다음에 연락이 온다면, 의심보다는 열린 대화를 해보자. 새로운 기회의 문은 그렇게 열릴지도 모른다.

헤드헌터는 왜
공짜로 도와줄까?

누구를 위한 친절인가?

어느 날, 포지션 제안을 받고 관심을 보이던 한 후보자가 조심스럽게 물었다. "근데… 제가 입사하면 비용은 얼마를 드려야 하나요?" 처음 듣는 질문은 아니었다. 이직이 익숙지 않은 후보자들에게 헤드헌터는 아직 낯선 존재다. 나는 정중하게 설명했다. "아니요, 비용은 회사에서 줍니다. 후보자에게 비용을 요구하지 않아요." 그러자 되묻는다. "그런데 왜 이렇게 친절하고, 성의 있게 도와주는 거예요?" 그 질문은 참 오래 남았다. 나 스스로도 가끔 되묻게 된다. 왜 이렇게까지 하나? 이직은 한 사람의 인생을 바꾸는 일이기에, 나 또한 그 변화의 동반자로서 움직이는 것이 아닐까 싶다.

잘못된 오해, '연봉에서 떼 가는 구조?'

또 다른 경우도 있다. 어떤 분은 헤드헌터가 자신의 연봉 일부를 가져간다고 생각했다. 그래서 '직접 지원하면 연봉이 더 높다'고 확신했다. 사실 이런 이야기는 2000년대 초반, 일부 비양심적인 업체들로 인해 만들어진 오해에서 비롯됐다. 하지만 현재는 대부분의 서치펌, 헤드헌터는 절대 그런 방식으로 일하지 않는다(내가 모르는 곳에서 일어날지도 모르겠다). 대부분의 전문 헤드헌터는 기업의 의뢰를 받아 수수료를 정한 뒤, 계약을 맺고 업무를 진행한다.

성사되지 않으면 수익도 없다

헤드헌터는 입사 '완료' 시점에 수수료를 받는다. 그 전까지는 아무런 보상이 없다. 좋은 후보자를 찾아 추천해도, 서류에서 탈락하거나 면접에서 떨어지면 무급이다. 설령 합격을 해도 처우 협의가 틀어지거나, 후보자가 입사를 포기하면 마찬가지다. 그러니 헤드헌터는 골키퍼 앞까지 공을 끌고 가는 스트라이커와 같다. 골문 안으로 넣기 전까지는 그 어떤 과정도 결과가 아니다. 그만큼 입사 성공률이 곧 수익률로 직결되는 구조이기에, 그 과정 하나하나에 시간과 에너지를 쏟아붓게 된다.

입사까지 가는 길, 헤드헌터는 어디까지 관여하나?

이직 제안을 할 때, 헤드헌터는 단순히 이력서만 전달하지 않는다. 회사에 제출할 이력서 포맷을 재정리하고, 해당 포지션에 맞춰 강점을 강조한다. 기업에 추천할 때에는 '이 사람을 왜 추천하는지' 최대한 설명하고 어필해야 한다.

면접이 진행되면, 마치 본인이 면접을 보는 것처럼 준비를 도와준다. 구직자가 미처 알지 못하는 내용을 찾아 전달하고자, 몇 시간씩 관련 기사를 검색하고, 예전 채용사례 등을 공부해서 공유하는 일도 한다. 일종의 '시험 대비 과외 선생님' 같은 역할이다.

합격 후에는 처우 협상에 돌입한다. 연봉, 직급, 보너스, 입사일 등 다양한 조건들을 회사와 후보자 사이에서 조율한다. 이때는 양측의 의견을 정리하고, 중간에서 이견을 좁히는 설득자로서의 역량이 요구된다.

합격 이후에도 끝나지 않는 역할

합격 확정이 된 이후에도 헤드헌터는 손을 놓지 않는다. 첫 출근 일정, 오리엔테이션, 복지 혜택, 조직 적응을 위한 안내 등 회사생활의 소프트랜딩을 위해 다양한 연락을 하게 된다. 때로는 입사 첫날 아침, 문자나 전화를 걸어 격려를 전하기도 한다. 입사라는 결과로 이어질 때 비로소 수익이 발생하기에, 그만큼 진심을 다할 수밖에 없는 구조이기도 하다. 그러니 후보자는 안심하고 채용 과정에 임해도 된다. 그 도움은 '조건 없는 선의'가 아니라, 정당한 구조 위에서 작동하는 합리적 서비스다.

3

채용의 1% 확률,
그 이면에 숨은 이야기들

확률이라는 단어가 주는 묵직함

"채용은 1% 확률의 싸움이다."

과장처럼 들렸던 이 말이 이제는 체감된다. 조건에 맞는 인재를 찾는 것이 전부가 아니다. 현실은 수많은 예외와 변수 속에서 이루어지는 선택의 과정이다.

조건은 같아도 결과는 다르다

겉보기에는 적합한 이력도, 때로는 부서장의 개인적인 취향이나 조직 분위기 등의 비공식 요소로 인해 탈락할 수 있다. 예컨대 '30대 초반 여성', '특정 학교 출신', '눈필자 선호' 같은 소선은 채용이 진행되면서야 드러나는 경우가 많다. 이러한 조건이 사전에 공유되지 않으면 헤드헌터, 인사 담당자, 지원자 모두 시간과 노력을 낭비한다. 탈락한 지원자는 자신의 역량 부족이라 오해하고, 기업은 신뢰를 잃게 된다.

투명한 소통이 필요하다

부서장의 선호를 이해 못 하는 건 아니다. 하지만 그것이 업무 성과와 연결되는지, 또는 팀 다양성과 창의성을 해치는 건 아닌지 고민해야 한다. 명확한 기준 없이 은근한 선호만 존재하면, 채용은 불합리한 평가로 이어질

헤드헌터 사용설명서

241

수 있다. 따라서 기업은 인사팀과 현업 부서 간 사전 조율을 통해 조건을 헤드헌터에게 공유해야 한다. 이는 효율성과 브랜드 신뢰도 모두를 지키는 첫걸음이다.

정말 1%의 싸움일까?

업계에서 흔히 말한다. '합격자 1명을 위해 10명의 면접자, 100장의 서류, 1,000명에게 연락해야 한다.' 때론 수백 장의 서류가 전부 탈락하고, 어떤 경우엔 한 명의 지원자가 바로 합격하기도 한다. 채용은 정해진 답이 있는 수학 문제가 아니다. 회사의 상황, 팀의 성향, 결정권자의 판단 등이 얽힌 복합적인 선택이다. 그러므로 탈락은 실력이 부족해서가 아니라, 단지 '맞지 않아서'일 수도 있다.

헤드헌터의 역할은 확률을 높이는 것

완벽히 일치하는 후보는 드물다. 헤드헌터는 70% 적합한 후보를 90%처럼 보이게 설명하는 설득력이 필요하다. 즉, 지원자의 강점을 어떻게 그 포지션에 연결할 수 있을지를 논리적으로 해석해야 한다. 물론 이 과정에서도 낙마는 있다. 그러나 실패의 이유가 실력이나 경력 때문이 아니라, 알려지지 않은 '취향'이나 '조직 문화와의 어긋남' 때문이라면, 그건 개인의 부족이 아니다. 또한, 실력이 부족하기보다 넘쳐서 떨어지는 경우도 매우 많다. 그저 '안 맞았을 뿐'이며, 불합격보다는 불일치라고 생각하는 것이 더 현명하다.

탈락, 그 이후를 위한 자세

이직 과정에서 탈락은 흔한 일이다. 중요한 건 원인을 분석하고 성장의 재료로 삼는 태도다. 회사와 지원자는 서로를 평가하는 입장이기 때문에, '핏(fit)'이 맞지 않으면 마치 불편한 옷처럼 자연스럽게 걸러지게 된다. 결국 중요한 것은 긍정적인 마음가짐과 지속적인 도전이다. 확률은 낮지만, 그 속에서도 합격의 순간은 반드시 찾아온다.

채용은 감정의 영역이기도 하다

수치로는 1%의 세계지만, 그 안엔 수많은 사람의 감정과 판단이 얽혀 있다. 그래서 헤드헌터는 그 1%의 가능성을 만들기 위해 매일, 꾸준히 움직인다. 기업, 지원자, 헤드헌터 모두가 열린 태도와 정확한 소통으로 임한다면, 1%의 확률도 결코 작지 않을 수 있다.

4

헤드헌터는 연봉을
깎는 사람이 아니다

헤드헌터는 누구의 편일까?

'헤드헌터 때문에 연봉이 깎였다'는 말은 이직 시장에서 자주 들리는 오해다. 하지만 헤드헌터는 회사와 지원자 사이에서 연봉 협상을 조율하는 중재자일 뿐, 연봉을 '깎는 사람'이 아니다. 오히려 연봉이 높아질수록 헤드헌터가 회사로부터 받는 수수료도 늘어난다. 연봉을 깎는다고 해서 헤드헌터가 얻을 이익은 없다(깎는 연봉만큼 헤드헌터한테 돈을 주는 게 아니다).

연봉 협상의 본질은 '합격 전제의 조율'

연봉 협상은 단순히 금액을 줄다리기하는 것이 아니다. 채용이 성사되는 것이 전제되어야 협상이 의미가 있다. 헤드헌터는 기업에 후보자의 강점을 설명해 높은 연봉의 타당성을 설득하고, 후보자에게는 기업의 내부 예산과 기준을 전달하며 균형을 맞춘다. 이는 감정적인 내용도 중요하지만, 정보 중심의 비즈니스 협상이 바탕이 되어야 한다.

연봉 협상의 실제 폭은 생각보다 작다

수천만 원, 수백만 원이 오르내릴 것처럼 보이지만, 실제로는 몇 십만 원, 몇 백만 원 수준으로 결정되는 것이 현실적이다. 예를 들어, 연봉 300만 원 차이는 월급 기준 약 25만 원이다. 따라서 연봉뿐 아니라 복지, 근무

내 이력서를 보는 사람은 누구일까?

244

환경, 성장 가능성을 포함한 총 보상 개념으로 판단하는 것이 현명하다.

협상의 '태도'도 평가된다

입사 전 연봉 협상은 첫인상을 좌우한다. 비현실적인 요구를 하거나, 지나치게 금전적 계산만 앞세우면 감점 요소가 될 수 있다. 일부 기업은 협상 과정에서 태도를 보고 채용을 철회하는 경우도 있다(생각 외로 많이 발생하는 일이다). 기업은 연봉만 보는 게 아니라, 유연성과 커뮤니케이션 능력을 함께 본다. 큰 차이가 아니라면, 긍정적인 인상을 남기는 쪽이 장기적으로 이득이다.

줄다리기는 조율이 필요하다

협상은 밀고 당기기의 예술이다. 양쪽 모두 자기 입장만 고수하면 줄은 끊어진다. 헤드헌터는 중간에서 현실적인 대안을 제시하며 타협점을 찾는다. 협상은 합리적인 타협을 통해 양쪽 모두 만족하는 결과를 만들어 가는 과정이다.

숫자보다 중요한 건 '관계'다

연봉은 분명 중요한 요소다. 하시만 언봉 협상에서 오직 숫자에만 매몰된다면 더 중요한 것을 놓칠 수 있다. 입사 후 인정받고 성과를 내며 연봉을 더 올릴 기회는 얼마든지 생긴다. 반면, 입사 전부터 부정적인 인상을 남기면 그 기회조차 얻지 못할 수도 있다. 헤드헌터는 연봉을 깎는 사람이 아니다. 협상의 실타래를 풀고, 가장 현실적이고 합리적인 조건을 만들어 가는 연결고리다. 오해를 거두고, 협상 과정 자체를 전략의 일부로 활용하는 것이 이직 성공의 핵심이다.

5

헤드헌터가 되기 전,
몰랐던 것들

내가 몰랐던 헤드헌터의 세계

헤드헌터라는 직업을 알게 된 건 꽤 오래된 일이었다. 오랜 회사생활 속에서 헤드헌터의 존재, 업무에 대해서 인지하고 있었지만, 단순히 '회사와 사람을 연결해주는 중간자' 정도로만 생각했다. 하지만 막상 직접 헤드헌터가 되어보니, 그 세계는 생각보다 훨씬 깊고 복잡했다.

내가 몰랐던 가장 큰 진실 중 하나는, 헤드헌터가 '채용만' 하는 사람이 아니라는 점이었다. 산업에 대한 이해, 기업의 전략과 문화 파악, 적합한 인재 탐색은 기본이고, 후보자를 설득하고, 이직을 준비하게 도와주며, 처우 협상과 레퍼런스 체크까지 관여해야 하는 영역이었다. 사실상 기업과 인재 양쪽 모두에게 '신뢰를 설계하는 사람'이라는 표현이 더 맞는지도 모르겠다.

채용은 정보전이다

회사의 분위기, 산업 내 포지션, 연봉 수준, 성장 가능성, 채용 배경 등, 지원자가 쉽게 접근할 수 없는 정보들이 있다. 많은 사람들이 이직을 준비하면서 인터넷에 검색되는 수준의 정보만 가지고 판단을 내린다. 그러다 보니 방향을 잘못 잡기도 쉽다. 하지만 헤드헌터는 다르다. 기업 내부의 구체적인 사정까지 접근할 수 있고, 그 정보들을 바탕으로 지원자에게 최적화된 조언을 제공해야 한다. 그래서 나도 매번 새로운 포지션을 맡을 때마다 그 기업과 산업에 대해 깊이 공부하게 된다. 산업 리포트, 기사, 투자 자료, 심지어 경쟁사 분석까지도 포함된다.

단순한 실력보다 중요한 것들

예전에는 '좋은 이력서(경력)를 가진 사람이 결국 채용된다'고 믿었다. 하지만 현장에서 수많은 채용 과정을 지켜보면서 생각이 바뀌었다. '성실하게 일 잘할 것 같은 사람', '함께 일하고 싶은 태도를 가진 사람'이 더 자주 선택되었다. 인성, 태도, 절실함은 생각보다 훨씬 강력한 요소였다.

특히 실무자들의 한마디가 결정적일 때가 있다. 전 직장의 상사, 함께 일한 동료, 과거 면접에서 인상 깊었던 누군가의 피드백이 직접적이지 않아도 레퍼런스처럼 작용하는 경우도 있다. 한 후보자는 이전 회사 동료가 남긴 긍정적인 평가로 면접 기회를 얻었고, 결국 채용까지 이어졌다. 그만큼 채용은 생각보다 '정성적인 요소'에 크게 좌우된다. 정량화된 평가 기준보다는 감정, 신뢰, 기대, 인성 같은 것들이 더 큰 비중을 차지하기도 한다.

지원자보다 먼저 준비하는 사람

헤드헌터는 마지 '지원자가 되기 전의 지원자' 같은 역힐을 한다. 기업의 기대치를 먼저 읽고, 면접에서 예상 질문을 정리하고, 어떤 방식으로 답하면 좋을지를 고민한다. 누군가는 그렇게까지 해야 하냐고 묻기도 한다. 하지만 그렇게 하지 않으면 좋은 결과로 연결될 가능성은 낮다.

특히 이직 시장은 처음부터 끝까지 정보의 불균형이 존재한다. 지원자는 회사의 내부 정보를 알기 어렵고, 회사는 지원자의 진짜 모습을 판단하기 어렵다. 이 틈을 메우는 사람이 헤드헌터다. 그래서 정보 전달자 이상으로 조율자이자 안내자의 역할이 중요하다.

몰랐던 것들을 알게 되었기에, 기록하기로 했다

이 모든 내용을 현장에서 직접 경험하면서 직간접적으로 체험을 하지 않았다면, 나 역시 평생 몰랐을 것이다. 그래서 지금 기록하고 있다. 누군가에게는 이 글 한 줄이, 이 정보 한 문장이 합격과 불합격의 갈림길이 될 수 있다고 믿기 때문이다.

실제로 한 조사에 따르면, 비정형적 채용(레퍼런스, 비공개 공고, 비정기적 선발 등)의 비중은 전체 채용 시장의 약 40%에 달한다고 한다. 즉, 정식 공고가 아닌 경로로 채용이 이루어지는 경우도 많다는 뜻이다. 이처럼 우리가 보여지는 것 이외 다양한 내용과 의미를 가지고 있다는 것을 인정하고 이해해야 한다.

몰라서 실수하지 않게, 알지 못해 기회를 놓치지 않도록.

그래서 나는 오늘도 기록한다. 누군가를 위한 작은 조언으로 남기기 위해서.

Q&A

가장 많이 하는 질문 베스트

Q1   서류 결과 언제 나오나요?

보통 서류 결과는 1주일 이내에 나올 것이라 기대하는 경우가 많지만, 실제로는 평균 2~3주 정도 소요되는 경우가 일반적입니다. 물론 1주일 이내에 빠르게 결정되어 결과가 통보되는 경우도 있지만, 대부분은 인사팀과 현업 부서에서 지원자를 검토하고 상호 비교하는 과정이 필요하기 때문에 생각보다 시간이 더 걸리는 편입니다.

자세한 내용은 [5장 / 2. 서류 결과가 늦어지는 이유는?] 를 참고하시면 좋겠습니다.

Q2   서류 제출은 언제까지 해야 하나요?

채용 기간이 명확히 설정되어 있다면 해당 기간 내에 지원하면 되지만, 대부분의 헤드헌터가 진행하는 채용 건은 별도의 마감 기한 없이, 채용이 완료되면 자동 종료되는 구조입니다. 특히 지원자 중 면접이 진행된 인원이 생기면, 그 이후 들어오는 서류는 우선순위에서 밀려 대기 상태가 되며, 면접자의 결과 여부에 따라 추가 검토 여부가 결정됩니다. 따라서 가능한 한 빠르게 지원하는 것이 유리합니다.

자세한 내용은 [5장 / 1. 서류 마감일에 지원하는 것이 더 좋은가?] 를 참고하시면 좋겠습니다.

Q3   짧게 근무한 회사 경력, 삭제해도 문제없겠죠?

이력서는 그동안의 모든 경력을 정직하게 기재해야 하는 서류입니다. 임의로 경력을 삭제하거나 변경하는 것은 절대 해서는 안 될 일입니다. 짧은 근무 경력이 있다면, 그럴 수밖에 없었던 사유를 명확히 설명하는 것이 최선의 방법입니다. 만약 이력서의 허위 사실이 합격 후 또는 입사 후에 확인될 경우, 채용이 취소될 수 있으며, 이는 실제로도 종종 발생하는 일입니다.

자세한 내용은 [3장 / 5. 경력 임의 삭제, 이력서 허위 작성은 퇴사를 부른다] 를 참고하시면 좋겠습니다.

Q4   헤드헌터한테 비용을 얼마를 드려야 하나요?

지원자에게는 비용을 받지 않습니다. 헤드헌터는 채용을 의뢰한 회사로부터 수수료를 받는 구조입니다. 회사와 계약을 맺고, 채용 과정 전반에 걸쳐 지원자를 발굴하고 연결하는 역할을 하고 있습니다.

자세한 내용은 [헤드헌터 사용설명서 / 2. 헤드헌터는 왜 공짜로 도와줄까?] 를 참고하시면 좋겠습니다.

Q5   면접에서 해당 회사 지원 동기 질문에 어떻게 답변하는 게 좋을까요?

면접에서 꼭 나오는 질문 중 하나는 '왜 이직하려는가', 그리고 '왜 우리 회사에 지원했는가'입니다. 이 두 가지 질문은 단순한 호기심이 아니라, 지원자의 이직 사유, 성향, 지원 동기 등 다양한 요소를 파악할 수 있는 핵심 질문입니다. 따라서 이 질문들에 대한 명확하고 일관된 답변을 미리 준비하는 것이 매우 중요합니다.

자세한 내용은 [4장 / 3. 면접에서 꼭 나오는 질문, 어떻게 답변해야 할까?] 를 참고하시면 좋겠습니다.

Q6   도대체 회사에서 어떤 사람을 뽑는 건가요?

채용은 단순히 우수한 인재를 찾는 것이 아니라, 회사에 필요한 사람을 뽑는 과정입니다. 따라서 해당 포지션에 잘 맞고, 해당 업무에 대한 경험이 있는 사람을 찾는 것이 가장 중요합니다.

자세한 내용은 [2장 / 2. 회사는 '할 수 있는 사람'보다 '해본 사람'을 원한다] 를 참고하시면 좋겠습니다.

Q7 인성 검사에서 탈락하는 경우는 없죠?

회사에서 진행되는 모든 전형은 단순한 형식이 아니라, 실제로 적합한 인재를 선발하기 위한 절차입니다. 인성 검사나 채용 검진 등 모든 과정이 채용 여부에 영향을 미칠 수 있으며, 경우에 따라 불합격 사유가 될 수도 있습니다.

자세한 내용은 [2장 / 3. 형식적인 채용 절차는 없다] 를 참고하시면 좋겠습니다.

Q8 나에게 맞지 않는 이상한 포지션만 제안이 오는데 왜 그러는 걸까요?

헤드헌터와 채용 담당자는 적합한 인재를 찾기 위해 끊임없이 노력하고 있습니다. 그리고 그 첫 단계는 이력서를 검토하는 일입니다. 하지만 이력서가 부실하거나 애매한 표현으로 작성되어 있다면, 지원자가 해당 포지션에 적합한 인재인지 정확하게 판단하기 어려워집니다.

자세한 내용은 [2장 / 6. 나에게 맞지 않는 포지션 제안, 원인은 무엇일까?] 를 참고하시면 좋겠습니다.

Q9 이력서 어떻게 작성을 해야 합격 확률이 높아지나요?

이력서는 자신을 소개하는 문서이자, 지원한 포지션에 적합한 인재임을 증명하는 자료입니다. 내용뿐만 아니라 가독성이 좋아야 하고, 지원 포지션과의 적합성이 명확히 드러나야 서류 검토자의 관심을 끌 수 있습니다.

자세한 내용은 [3장 / 2. 경력은 단답형으로, 자기소개서는 서술형으로 작성해라] , [3장 / 7. 혹시, 당신의 이력서도 '쌩얼'로 면접 보러 가나요?] 를 참고하시면 좋겠습니다.

나는 왜
헤드헌터가 되었는가?

예상치 못한 이직의 계단에서

회사를 다니며 처음 이직을 생각했을 때, 대부분의 사람들처럼 나도 잡코리아와 사람인 같은 구직 사이트에 이력서를 등록했다. 스스로 관심 있는 회사를 검색하고 지원하면서 새로운 기회를 찾기 위해 애썼다. 그러던 중 익숙하지 않던 존재, [헤드헌터]라는 이름으로 연락이 오기 시작했다.

그들은 다양한 제안을 해왔다. 관심 가는 포지션도 있었지만, 전혀 관련 없는 분야이거나 지원할 의사가 없는 제안도 많았다. 몇몇 헤드헌터와는 이력서를 공유하고 함께 채용 과정을 진행해보았지만, 그 경험은 생각보다 복잡하고 까다로웠다. 이직이란 단어가 그저 '옮기는 것'이 아닌, 상당한 준비와 운, 전략이 필요한 과정이라는 걸 뼈저리게 느끼게 되었다.

퇴사 후, 방향을 잃고 서 있던 날들

오랜 회사생활은 어느새 나를 지치게 만들었고, 더 이상 지금의 조직에서는 나의 성장을 기대하기 어렵다는 생각이 들었다. 회사를 그만두고 나서는 막막함이 찾아왔다. 창업을 해볼까 생각도 해봤지만, 자본과 시간이 필요한 일이었다. 그러던 중, 지인의 조언 한마디가 전환점이 되었다.

"헤드헌터는 초기 비용이 거의 들지 않으니까 그냥 한번 해보는 것도 나쁘지 않아."

내 이력서를 보는 사람은 누구일까?

그 말에 혹해서 헤드헌터라는 직업을 진지하게 들여다보기 시작했다. 시중에 나와 있는 관련 책들을 구입해 닥치는 대로 읽었다. '이 일이 과연 나에게 맞을까?'란 불안감 속에서도 퇴직금이라는 제한된 자원을 활용해 생계를 이어가야 한다는 절박함은 나를 움직이게 했다.

시작은 늘 힘겹다

현실은 상상 이상으로 냉정했다. 헤드헌터 업무를 시작한 지 몇 개월이 지나도 이력서 한 장 받지 못했다. 지원자도, 클라이언트도 없었다. 합격자는커녕, 제안을 해볼 만한 후보자조차 못 찾고 있었다. 어떻게 해야 할지 몰라 하루에도 수십 번씩 잡포털 사이트를 뒤졌고, 그야말로 맨땅에 헤딩하듯 부딪히며 방법을 찾아 나갔다.

6개월이 지나고 결국 생활비가 바닥났을 때, 나는 이 일이 나와 맞지 않다고 결론을 내렸고, 다시 취업을 위해서 이력서를 제출하고, 면접을 보려 다니기 시작했다. 하지만 그 즈음부터 조금씩 변화가 생기기 시작했다. 한명, 두 명씩 면접에 진출했고, 결국 첫 합격자가 생겨났다.

"서류는 많아도, 합격자는 단 한 명뿐이야."

처음 합격자를 배출했을 때, 함께 일하던 선배가 해준 말이 오래도록 머릿속에 남아 있다. 서류를 아무리 많이 제출해도 결국 합격자는 단 한 명이라는 말이었다. 그 말을 계기로 나는 그동안의 방식을 돌아보게 되었다. 무작정 이력서를 받아서 제출하는 것이 아니라, 정말 그 회사에 적합한 사람을 찾는 일이 내 일이었다는 걸 그제야 깨달았다.

그 뒤로는 JD(직무기술서)를 하나하나 분석하기 시작했고, 회사가 진짜 필요로 하는 사람이 어떤 모습인지 상상해보며 일했다. 그 회사의 산업 구조, 조직문화, 미래 방향성까지 꼼꼼히 파악했고, 거기에 맞는 사람을 찾아냈다. 단순히 이력서를 던지는 사람이 아닌, 기업의 니즈를 이해하고 해석해주는 조력자가 되고자 했다.

채용은 사람의 인생을 바꾸는 일이다

시간이 흐르면서 성과도 나타났다. 연간 약 1,000명이 넘는 이력서를 제출하게 되었고, 높은 매출을 기록할 수 있었다. 처음엔 생계를 위한 선택이었지만, 이제는 그 무게를 누구보다 잘 알게 되었다. 채용은 그 사람의 인생을 바꾸는 일이고, 내가 하는 일은 단순한 중개가 아닌 것이다. 말 한마디, 제안 하나에 누군가의 삶이 흔들릴 수 있다는 것을 생각하면 가벼운 마음으로 일할 수 없었다. 그래서 내 방식대로 원칙을 세웠다. 진심을 다하자. 누구보다 성실하게 임하자.

이 일을 오래 할 수 있는 이유

헤드헌터 일을 하며 수많은 채용을 목격했다. 어떤 회사는 정말 좋은 기회를 제공했지만 설명이 부족해 지원자를 놓치기도 하고, 어떤 헤드헌터는 오히려 산업의 신뢰를 떨어뜨리는 방식으로 일했다. 그 과정을 보며 깨달았다. '이 직업은 누군가의 인생을 다루는 직업이다. 그래서 가볍게 다뤄서는 안 되는 일이다.'

그래서 나는 단순히 돈을 버는 수단으로 이 일을 하지 않기로 했다. 언제나 사람과 기업을 잇는 일이라는 생각으로 일했고, 그런 태도가 지금의 나의 직업 윤리 의식을 만들게 된 것 같다. 이 과정에서 깨달은 또 하나는, 채용 시장이 생각보다 주관적이고, 정보가 폐쇄적이라는 점이다. 누군가 알려주지 않으면 절대 알 수 없는 것들이 많았다. 그래서 나는 글을 쓰기 시작했다. 누군가에게는 작은 팁이 될 수 있고, 또 누군가에게는 방향을 잡을 수 있는 나침반이 되기를 바라면서, 이 작은 시도가 언젠가는 채용 시장을 조금 더 건강하게 만드는 데 도움이 될 수 있을 것이라는 믿음으로 계속 기록하고 있다(내비게이션보다는 나침반 같은 러닝메이트가 되기로…).